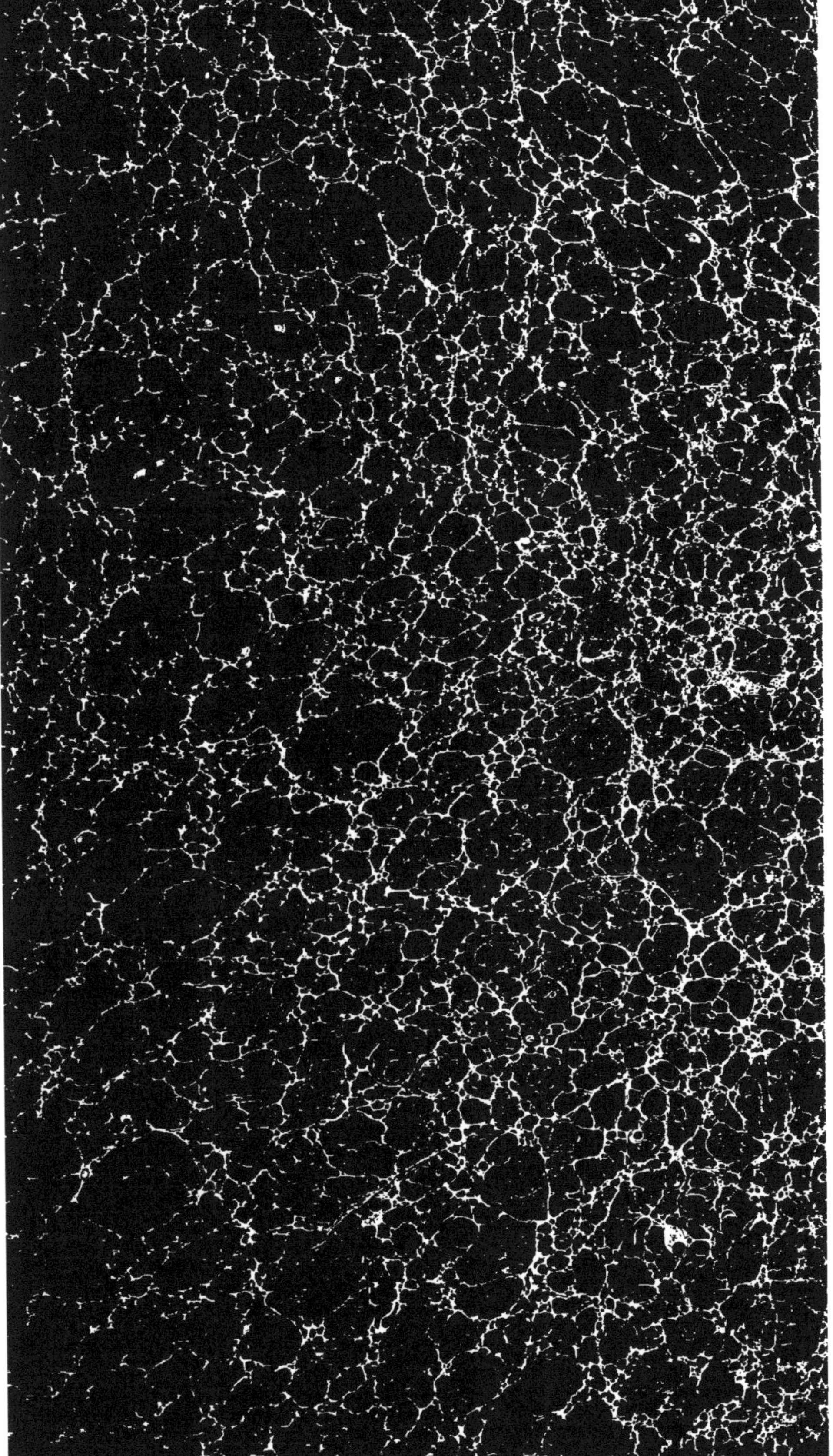

X

ESSAI
D'UNE THÉORIE
DU STYLE.

On trouve, du même auteur, à la même librairie :

DE L'INVENTION ORIGINALE,

Ouvrage couronné par l'Académie française.

Prix : 4 fr.

POITIERS. — IMPRIMERIE DE N. BERNARD.

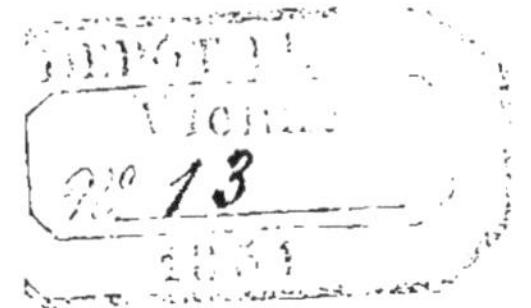

ESSAI
D'UNE THÉORIE
DU STYLE

PAR M. EDMOND ARNOULD,

PROFESSEUR DE LITTÉRATURE ÉTRANGÈRE A LA FACULTÉ
DES LETTRES DE POITIERS.

PARIS,
LIBRAIRIE DE L. HACHETTE ET Cie,
RUE PIERRE-SARRAZIN, 14.

1851.

Si dans tous les temps il est difficile de faire accepter du public une œuvre de théorie littéraire, jamais la difficulté n'a été ni plus grande ni plus évidente qu'aujourd'hui. Les esprits, tournés vers d'autres pensées, absorbés par d'autres préoccupations assurément fort légitimes, demeurent indifférents à ces questions, dont le principal avantage, si l'on ne considère que la vérité, dont le principal inconvénient, si l'on ne songe qu'au succès, est de ne toucher en rien aux passions et aux luttes des partis, bien qu'elles se rattachent par des liens nécessaires aux intérêts permanents des sociétés.

Il est toutefois, même aux époques les plus tourmentées, des hommes voués par nature ou par sagesse aux études calmes et désintéressées, qui, sans être insensibles aux graves émotions que les évènements font naître, s'efforcent d'établir en eux une paix d'autant plus profonde qu'il y a autour d'eux plus de mouvement et de bruit, et poursuivent avec amour la recherche du vrai au milieu des mobiles erreurs et des tumultueuses agitations de la foule.

C'est à ces hommes que je m'adresse; c'est à eux que j'offre ces pages écrites dans la solitude et le recueillement; c'est sur leur attention, et même, j'ose l'avouer, sur leur sympathie que je compte, n'ayant pensé qu'à eux dans mon travail, parce que je savais qu'eux seuls auraient le loisir ou la volonté d'y jeter un regard.

Je n'essaierai pas d'expliquer ici les intentions qui m'ont guidé : elles doivent ressortir naturellement de tout l'ensemble de cet ouvrage. Je ne tenterai pas non plus de justifier le dessein que j'ai formé, et accompli selon mes forces, d'écrire un livre sur une matière en apparence si usée, et cependant toujours si neuve : ceux qui m'auront lu pourront seuls dire si j'ai bien ou mal fait de l'entreprendre.

Poitiers, 4 mars 1854.

CHAPITRE PREMIER.

DÉFINITIONS.

L'homme pense, et il parle, parce qu'il pense. Le langage est à la pensée ce que le corps est à l'âme, une forme obligée et une limite nécessaire. Supprimez le langage, non-seulement la pensée ne peut plus se manifester au dehors, elle ne peut plus même se manifester à l'intelligence; ce n'est plus qu'une puissance vague, aveugle, indéfinie, une simple possibilité d'être et non pas l'être. Aussi le langage est-il soumis à des lois naturelles, logiques, permanentes, invariables, faciles à reconnaître sous la variété des idiomes comme les lois physiques sous la diversité des races.

Ce que les races et les nations sont à l'humanité, les langues, prises soit isolément, soit par familles, le sont au langage. Sans s'écarter des lois générales et immuables, sans lesquelles elles ne seraient pas, elles portent certains caractères spéciaux, elles se produisent sous certaines formes particulières, elles expriment certaines aptitudes, certaines tendances, elles sont le résultat de certains faits historiques; elles se développent donc avec l'histoire; elles naissent, elles croissent, elles meurent, pour renaître et se renouveler sans fin. Le langage humain au contraire, considéré dans ses lois fondamentales, ne peut mourir qu'avec l'homme.

Ni le langage ni la langue ne sont le style. Le langage impose au style ses lois, les mêmes au fond que celles de la raison; la langue lui donne ses bases traditionnelles, ses formules consacrées; le premier représente l'humanité, la seconde la nationalité, l'un le genre, l'autre l'espèce. Reste l'individu. Ce qu'il apporte au fond commun s'appelle proprement le style. Semblable à ces seigneurs du moyen âge qui avaient le droit de battre monnaie, il marque de son effigie ce métal qui appartenait déjà, comme monnaie, à la société, comme métal, à la nature. L'or est toujours de l'or, l'argent toujours de l'argent, le cuivre toujours du cuivre, c'est-à-dire des produits naturels; la monnaie est toujours de la monnaie, c'est-à-dire le résultat des conventions sociales à telle époque et dans tel pays. Qu'a donc fait le seigneur féodal? Sur ces métaux il a mis son empreinte, c'est-à-dire un signe de propriété et d'individualité.

Le style appartient donc à l'individu, comme la langue à la nation, comme le langage à l'humanité. C'est en ce sens, mais en ce sens seulement, qu'il faut entendre la fameuse définition de Buffon: le style, c'est l'homme même. Autrement on risquerait de ne pas arriver à la vérité ou de n'arriver qu'à une vérité incomplète. Buffon lui-même ne voyait dans les termes de cette définition qu'une distinction nécessaire entre le fond, qui s'altère, se modifie, perd avec le temps de sa valeur, gagne même, comme il dit, à être mis en œuvre par des mains plus habiles, et la forme ou le style, qui demeure le partage exclusif de son auteur (1). Il faut donc, mettant de côté les accroissements du fond scientifique, le seul d'ailleurs qui préoccupait Buffon quand il écrivait sa formule, considérer l'individu dans l'ensemble indestructible de ses facultés naturelles et de ses facultés acquises, ne le séparer jamais du milieu où il vit, du genre d'écrire qu'il a choisi ou peut-être accepté, le prendre enfin, non-seulement tel que Dieu l'a créé, mais tel que l'ont fait les circonstances et les hommes. Toutes ces choses en effet concourent au style; le style se forme de tous ces éléments divers, non toutefois disparates ou contradictoires. L'écrivain reçoit de la nature les lois du langage, de son pays, parfois

(1) « Les ouvrages bien écrits seront les seuls qui passeront à la postérité. La quantité des connaissances, la singularité des faits, la nouveauté même des découvertes, ne sont pas de sûrs garants de l'immortalité : si les ouvrages qui les contiennent ne roulent que sur de petits objets, s'ils sont écrits sans goût, sans noblesse et sans génie, ils périront, parce que les connaissances, les faits et les découvertes s'enlèvent aisément, se transportent, et gagnent même à être mis en œuvre par des mains plus habiles. Ces choses sont hors de l'homme, le style est l'homme même. »

Buffon, *Discours de réception à l'Académie Française.*

même de sa propre volonté, la langue qu'il emploie, mais qu'il ne crée pas; tout le reste, il le tire de lui-même, de cet être complexe et un cependant, qui doit se traduire au dehors tout à la fois dans sa complexité et dans son unité.

Ces qualités du style, qu'on nomme générales, et qu'on eût tout aussi bien fait de nommer essentielles, puisque sans leur réunion il n'y a réellement pas de style complet : la clarté, la pureté, la précision, la propriété, le naturel, l'harmonie, ne sont en quelque façon que des qualités individuelles. On peut les acquérir sans doute, le fait habituel de notre éducation le prouve ; mais c'est à condition d'en avoir auparavant les germes. Pas de style clair, si la pensée n'est pas claire; pas de style propre ou précis, si l'esprit n'est pas juste ; pas de naturel, si le développement excessif de la personnalité pousse à la recherche, à la prétention et à l'emphase ; pas d'harmonie, si l'oreille est fausse ou sans délicatesse. Autant vaut l'individu sur tous ces points, autant vaut le style.

Quant à ces qualités qu'on nomme particulières, la simplicité, la naïveté, la finesse, l'élégance, la richesse, l'énergie, la véhémence, etc., il est évident qu'elles tiennent à la nature de l'écrivain, à ce qu'il y a en lui tout à la fois de plus spontané et de plus profond, et que, lors même qu'on les regarde comme des conditions propres au sujet traité, il faut encore en chercher la source dans l'âme de celui qui le traite. C'est bien le sujet ou la matière de l'œuvre qui doit régler l'emploi et l'économie de ces dons naturels; mais le choix heureux du sujet n'est-il pas déjà chez l'ouvrier une preuve, ou plutôt une conséquence de ses prédispositions intellectuelles et morales? Les écrivains médiocres paraissent s'y tromper, parce qu'ils portent leur médiocrité dans tous les sujets dont ils s'emparent; les écrivains supérieurs ne s'y trompent jamais, du moins en ce qui touche aux tendances caractéristiques de leur génie. C'est la condition même de leur supériorité. Quelques erreurs partielles de vocation, quelques défaillances de volonté, qu'il serait facile de citer chez de grands écrivains, un moment égarés, n'infirment en rien cette loi générale.

Le style est donc le résultat, l'expression et la marque de l'individualité.

Comment se fait-il alors, m'objectera-t-on peut-être, si le style est tellement lié à la personnalité de l'écrivain qu'on ne puisse l'en détacher, même par la pensée, qu'il ait été possible de dire : le style de telle ou telle époque, le style de telle ou telle école?

La réponse est fort simple.

Ce qu'on appelle le style d'une époque tient en partie à l'état de la langue, que l'individu subit presque toujours et modifie rarement, en partie à ces mille influences que j'ai signalées comme concourant à former l'individualité de l'écrivain, et dont la plupart sont communes à tous ceux qui écrivent dans un même temps.

Ce qu'on appelle le style d'une école, soit dans la littérature, soit dans les arts, n'est que la généralisation accidentelle et restreinte de certains procédés, de certains enseignements, de certaines traditions, de certains systèmes, et par conséquent l'application encore du principe d'individualité. L'école d'ailleurs, si tyrannique qu'on la suppose, n'absorbe jamais qu'une part de l'inspiration personnelle.

Ainsi, quand on parle du style d'une époque ou d'une école, on considère seulement les caractères généraux qui rattachent entre eux les écrivains de cette époque ou de cette école, et l'on néglige les caractères particuliers qui les séparent ; on est frappé de ressemblances souvent très-vagues, et l'on voit moins des différences souvent profondes qui constituent l'originalité propre de chacun ; enfin l'on ne fait pas rentrer les diverses influences d'époque ou de système dans la personnalité de l'écrivain, ce qu'il faudrait faire cependant pour juger sainement. Il n'y a donc rien là qui contredise ma définition ou qui tende à l'amoindrir. Le style est bien l'expression de l'individu.

Reste à en décomposer les éléments.

J'en reconnais cinq principaux : le *Son*, la *Couleur*, le *Dessin*, le *Mouvement* et le *Ton*.

Tous les autres y sont subordonnés ou n'en sont que des conséquences.

Le son et le ton correspondent à la musique ; la couleur et le dessin aux arts plastiques, la peinture, la sculpture, l'architecture ; le mouvement aux arts mimiques, qui représentent les sentiments et les passions par le geste et l'expression animée de la physionomie.

Ces diverses manifestations des facultés de l'homme, le style les réunit toutes, parce qu'il doit exprimer tout l'homme ; mais celle qui lui appartient en propre, c'est la manifestation de la pensée. Aussi le style repose-t-il principalement sur nos deux sens les plus intellectuels : l'Ouie et la Vue.

CHAPITRE II.

DU SON.

Le son est la matière du style.

On peut se représenter le langage indépendamment du son; on peut concevoir les idées ou les sentiments exprimés, non par des sons, mais par des figures, des images ou des gestes : il est impossible de supposer le style séparé du son, qui en est la base, la limite, en un mot, le corps. Il y a là une nécessité tellement évidente que je crois inutile d'y insister.

Le son étant donc considéré, non plus seulement

au point de vue de l'harmonie, mais comme le corps même du style, et par conséquent comme l'un des éléments essentiels qui entrent dans la personnalité de l'écrivain, il en résulte qu'il subira toutes les modifications que le climat, la race, la nationalité, l'individualité, apportent à notre organisation matérielle et morale, qu'il exprimera une foule de rapports, jusqu'ici, je le crois, trop négligés des critiques, entre le style de l'auteur et sa personne, le sujet qu'il choisit, le genre qu'il préfère.

On a beaucoup parlé, non sans raison, de l'harmonie des mots, de l'harmonie des phrases, de l'harmonie imitative, et l'on a donné sur tous ces points d'excellents préceptes, qui remplissent les traités de rhétorique depuis l'antiquité jusqu'à nos jours; mais en poursuivant exclusivement ce but d'enseignement et d'utilité pratique, on s'est peut-être un peu trop préoccupé de l'art et pas assez de la nature; on ne s'est pas aperçu qu'en réduisant tout à des formules didactiques on s'exposait à cet inconvénient, fort grave à mon sens, de donner comme purement artificiel ce qui est avant tout naturel, et de former ainsi, par l'imitation obligée de certains modèles, des rhéteurs plutôt que des écrivains. Je m'écarterai donc de la route battue, non par le vain désir de dire autrement que mes devanciers, mais pour suppléer à ce qu'ils ont omis ou du moins pour mettre en lumière ce qu'ils ont laissé dans l'ombre.

On a signalé bien des fois l'influence du climat sur les langues, et il n'est pas difficile de vérifier quelle différence il y a pour l'éclat et la sonorité entre les langues du Midi et celles du Nord. Dans le Midi, des voyelles sonores et pas plus de consonnes ou d'articulations qu'il n'en faut pour distinguer les syllabes; dans le Nord, au contraire, des syllabes surchargées d'articulations, de telle sorte que la voyelle disparaît presque sous la complication des consonnes. Quelle est la cause de ce fait, qu'il est impossible de nier? On ne me paraît pas l'avoir suffisamment expliquée. Je voudrais l'essayer; mais pour le faire avec succès il faudrait être physicien, et je ne le suis pas. Ne pouvant m'appuyer sur la science, qui me manque, je me bornerai à raconter quelques expériences personnelles, qui m'ont conduit à une conviction purement personnelle, je le déclare, abandonnant humblement à qui de droit la solution scientifique du problème dont je n'ai fait qu'entrevoir les termes.

Il y a quelques années, le hasard me fit faire une observation sur les sons de deux instruments à cordes, le violon et le violoncelle, que j'étudiais alors en même temps. C'était ordinairement le soir que je m'exerçais. Je remarquai que lorsque je jouais du violon dans l'obscurité les sons étaient plus sourds et plus maigres, et qu'au contraire, aussitôt qu'on apportait de la lumière, les sons devenaient tout à coup plus éclatants et comme plus amples. Je réitérai plusieurs fois l'expérience, et j'acquis bientôt la certitude que je ne m'étais pas trompé. Je voulus la compléter en opérant, non plus sur les cordes aiguës du violon, mais sur les cordes graves du violoncelle. J'aboutis alors à un résultat imprévu, quoique parfaitement logique. Je faisais disparaître et reparaître soudainement la lumière, voulant comparer tour à tour les modifications apportées dans la nature du son par le passage de l'obscurité à la lumière et réciproquement par le passage de la lumière à l'obscurité. Or, voici ce qui arriva : Si je tirais du violon des sons aigus, l'effet produit par l'introduction de la lumière était bien plus rapide et plus sensible que l'effet produit par sa disparition, tandis que si je tirais du violoncelle des sons graves, c'était l'inverse qui avait lieu; on s'apercevait plus vite et mieux de l'effet produit par l'obscurité que de l'effet produit par la lumière. Depuis j'ai bien des fois renouvelé ces essais, et toujours j'ai abouti aux mêmes résultats.

Au reste, si chacun de nous veut bien faire appel à ses souvenirs et à son expérience, il retrouvera, je n'en doute pas, soit dans les livres, soit dans la nature, des faits de ce genre, bien propres à corroborer mes observations. Tous les poètes n'ont-ils pas vanté la douceur des instruments et de la voix humaine dans l'obscurité de la nuit? Le bruit du tonnerre n'est-il pas plus sourd pendant les ténèbres que pendant le jour? N'avons-nous pas, d'un autre côté, le témoignage de cet aveugle de naissance qui se figurait la couleur rouge comme le son d'une trompette? Ne recevons-nous pas enfin à chaque instant, le plus souvent à notre insu, mille impressions semblables, qui ne passent inaperçues que parce qu'elles ne se rattachent dans notre esprit à aucune idée précise?

Sans doute; mais que conclure de là?

Une seule chose évidemment: c'est qu'il y a une action directe et puissante de la lumière sur le son. J'arrivai d'autant plus facilement à cette conclusion que je lus vers le même temps, à l'époque où l'ouvrage parut, l'*Esquisse d'une Philosophie* de M. de Lamennais, où il considère la vue et l'ouïe comme deux organes différents pour une même faculté, comme un même sens sous deux formes ou deux manifestations. Je crus avoir trouvé la preuve physique de l'assertion du philosophe, et, pour tout dire, je le crois encore (1). Quoi qu'il en soit,

(1) Je ne m'en rapportai pas, sur un point si important, à mes propres conjectures; j'en parlai à un de mes amis, M. Trouessart, savant professeur de physique, non moins philosophe que physicien, qui comprit sur-le-champ quelles conséquences fécondes on pourrait tirer de ce fait, s'il était scientifiquement démontré. Nous convînmes de faire ensemble de nouvelles expériences et de nouveaux essais; mais bientôt après je quittai la ville qu'il habitait, et, distrait par d'autres travaux, ne gardai plus de ces recherches que le souvenir d'observations

livré par devoir comme par goût à l'étude comparée des langues et des littératures, je ne tardai pas à entrevoir des rapports et des analogies que je n'avais pas soupçonnés d'abord. Il me parut que la lumière devait agir sur les sons des langues de la même manière qu'elle agit sur les sons des instruments; que, plus il y avait de lumière au ciel, plus dans le style il devait y avoir d'éclat sonore; qu'enfin la plénitude de son qu'on admire dans toutes les langues méridionales tenait surtout à l'action d'une plus vive et plus puissante lumière: et je vis alors se dresser devant mes yeux, dans sa gloire rayonnante, ce magnifique symbole de l'Apollon antique, à la fois dieu du jour et de la poésie, à la fois dispensateur de la mélodie et de la clarté.

Qu'on me pardonne cette digression où j'ai fait à regret intervenir ma personne. Je n'aurais pu autrement expliquer avec quelque netteté mes idées sur la lumière considérée dans ses rapports avec l'élément matériel du style; trop heureux d'ailleurs

qui étaient, pour moi du moins, sans application scientifique, et qui devaient quelque temps encore demeurer sans l'application littéraire.

si je puis, à l'aide de ces faits, éclairer certains points restés obscurs de la question toute littéraire que j'ai entrepris de traiter.

Une fois que ces rapports apparurent clairement à mon esprit, je compris mieux la brillante harmonie du style poétique dans les œuvres de Dante, de Pétrarque, de l'Arioste, du Tasse, et toute la richesse mélodique de la musique italienne; je m'expliquai plus facilement la magnificence de cette langue espagnole, dont les défauts viennent le plus souvent de l'excès même de ses qualités. D'ailleurs, sans traverser les Pyrénées ou les Alpes, on peut voir quelle influence exerce sur les propriétés sonores de notre langue française la lumière plus vive et plus égale de notre ciel méridional. Je parle ici, non pas des patois, plus rapprochés par la nature des sons, et surtout des syllabes finales, de l'Italien et de l'Espagnol que du Français, mais de la langue commune, non pas enfin de la langue des Troubadours, mais de la langue de Bossuet, de Racine et de Molière. A-t-elle la même qualité de son à Paris, à Rouen, à Lille, qu'à Toulouse, à Montpellier, à Marseille? La prononciation du Midi ne la fait-elle pas paraître plus vibrante que la prononciation du Nord? Les voyelles ne sont-elles pas plus retentissantes sur les bords de la Garonne que sur les bords de la Seine? C'est là un fait certain et que nul ne contestera. Il est à coup sûr bien loin de ma pensée d'exclure les influences variées qui entrent dans ce qu'on appelle l'action du climat; je n'en retranche aucune; je ne fais qu'y en ajouter une nouvelle dont nul critique, à ce que je crois, n'a parlé jusqu'à ce jour.

On a souvent reproché aux écrivains méridionaux, soit italiens, soit espagnols, de négliger la pensée pour les mots et de s'enivrer en quelque sorte de l'harmonie toute matérielle de leurs phrases. Ce reproche est fondé; mais, pour être juste, il faudrait tenir compte de l'attrait irrésistible qui les entraîne, parfois même de l'invincible tyrannie qu'ils subissent. Dès qu'ils veulent écrire, c'est-à-dire parler, ils sont comme des instruments dont les sons, rendus plus éclatants par l'action instantanée de la lumière, semblent se multiplier à l'oreille, et, pour ainsi dire, se gonfler et s'étendre. Ils deviennent à leur insu autant musiciens au moins que penseurs ou poètes (1). L'équilibre entre la pensée et l'expression s'établit chez eux difficilement, même quand ils pensent avec force, et il faut tout le génie, toute la puissance d'un Dante, d'un

(1) Un exemple achèvera d'éclaircir ma pensée. Je prends une stance au hasard dans le *Poème de la Peinture* du poète espagnol Pablo de Céspedes.

Las frescas espeluncas ascondidas
De arboredos silvestres y sombríos,
Los sacros bosques, selvas extendidas
Entre corrientes de cerúleos rios,
Vivos lagos y perlas esparcidas
Entre esmeraldas y jacintos frios
Contemple, y la memoria entretenida
De varias cosas quede enriquecida.

Il y a ici accumulation de syllabes sonores et retentissantes; et cependant il n'y avait aucune raison pour qu'il en fût ainsi, car ce ne sont pas des bruits ou des sons, mais des couleurs et des images naturelles que le poète veut décrire. Dominé ou entraîné par sa langue, il donne tout à l'oreille et presque rien aux yeux; on ne *voit* pas son tableau, on l'*entend;* ce qui va contre son but, puisque c'est aux peintres, non aux musiciens, qu'il s'adresse, puisqu'il conseille à l'artiste d'enrichir sa mémoire d'objets variés que le pinceau puisse reproduire, non de murmures ou d'harmonies que la composition musicale doive exprimer. Il y a là un défaut de convenance trop fréquent dans la poésie méridionale, et dont il est juste d'accuser la langue autant que l'écrivain.

Machiavel ou d'un Cervantes, pour dominer ces langues musicales, instruments trop sonores dont les vibrations croissantes menacent toujours d'étouffer le sentiment ou l'idée. Il résulte de là un caractère commun à tous les écrivains du Midi et qui subsiste, même chez nous, bien que la même langue serve pour tous ceux qui écrivent en France, soit au-delà, soit en-deçà de la Loire. Si l'on veut s'en convaincre, qu'on lise attentivement quelques-uns de nos poëtes originaires du Midi. On sera frappé, si je ne me trompe, de cette versification souvent toute métallique, qui retentit comme l'enclume sous le marteau, de ces paroles rapides et sonnantes, comme dit Buffon, mais dont le sens spirituel ou moral est loin d'être toujours en proportion avec la pompe des mots. Cette observation, qui, dans ma pensée, n'a rien d'absolu, peut servir à expliquer pourquoi le midi de la France a produit plus d'orateurs que de poëtes. Quoi qu'on fasse, la poésie, j'entends la vraie poésie, ne vivra jamais de mots; l'éloquence improvisée s'en contente et s'en repaît trop souvent.

Ce que je viens de dire des langues et des littératures méridionales peut s'appliquer, en sens inverse, aux langues et aux littératures septentrionales. Moins de soleil et de lumière dans la nature physique, moins d'harmonie ou d'éclat dans les sons de la langue et dans la matière du style. En France, pays tempéré, climat variable, il y a, d'une part, peu d'éclat dans les sons, de l'autre, un usage modéré des consonnes : de sorte que l'idée n'est pas exposée ou à périr écrasée, comme au Midi, sous la sonorité des voyelles, ou à s'enchevêtrer péniblement, comme au Nord, dans le système compliqué des articulations. Aussi la France est-elle par excellence le pays de l'idée.

L'influence de la race sur le son, considéré comme l'un des éléments du style, se confond presque avec celle du climat. Il est du moins très-difficile de les distinguer l'une de l'autre pour les étudier séparément, sauf toutefois le cas où les diverses branches d'une même race, vivant à peu près sous le même climat, parlent divers dialectes d'une seule langue. L'histoire de la Grèce nous en fournit un exemple remarquable. Il y a une grande différence pour les sons (autant que nous en pouvons juger dans l'ignorance où nous sommes de la vraie prononciation grecque), entre la langue des Doriens et celle des Ioniens, entre le dialecte parlé à Sparte, la ville de l'immobilité politique et intellectuelle, et le dialecte parlé dans Athènes, la ville de la pensée et du mouvement dans tous les sens. Chez les premiers on emploie de préférence les syllabes et les voyelles les plus sonores, par conséquent les plus propres à rendre les sensations et un certain ordre de sentiments, qu'il n'est pas aussi facile de comprimer que les idées; chez les derniers on se préoccupe moins de l'éclat des sons que de ce qu'on pourrait appeler les qualités logiques du style. Aussi est-ce le dialecte attique, c'est-à-dire le dialecte de la pensée, qui devient la langue commune de la Grèce, de même que chez nous le dialecte du Nord l'emporte sur les dialectes du Midi, double victoire gagnée dans le passé et dans le présent par l'esprit sur les sens, par la raison sur l'imagination. Quant au dialecte ionien proprement dit, il est aisé, à sa prédilection pour les sons amollis, d'y reconnaître le climat de l'Asie-Mineure et son énervante influence.

Le son varie suivant les genres. Que l'écrivain le veuille ou ne le veuille pas, qu'il le sache ou l'ignore, il recherchera bien plus les sons éclatants dans son style, s'il est poète lyrique que s'il est poète épique ou didactique, s'il est orateur que s'il est historien ou philosophe. Il y a là une loi naturelle à laquelle il lui est impossible de se soustraire. Ses organes sont façonnés pour saisir et pour exprimer ou ces différences marquées ou ces délicates nuances. S'il s'y trompe, c'est qu'il n'est pas fait pour atteindre au premier rang, ni peut-être au second.

La même différence qui existe entre les genres se retrouvera entre les diverses espèces d'un même genre, entre l'ode et l'élégie, entre la tragédie et la comédie. « Les faiseurs de dithyrambes sont bruyants, » dit Aristote dans sa langue énergique et concise (1). Cette remarque jetée en passant, et qui constate seulement un fait isolé, correspondait sans doute dans sa pensée à une observation plus générale. L'inventeur du syllogisme, comme les

(1) Rhétorique, liv. III, chap. 3.

grands écrivains et les grands penseurs de tous les temps, avait toujours dans l'esprit une *majeure* sous-entendue, même lorsqu'il exprimait une idée particulière. Au reste les poètes grecs, guidés par un instinct profond, n'avaient garde de méconnaître cette suprême convenance. Ils écrivaient les chœurs de leurs drames tragiques ou comiques dans le dialecte dorien, comme plus musical sans doute et plus sonore, c'est-à-dire mieux approprié au ton et au mouvement de ces morceaux lyriques, qui étaient destinés à être chantés ou tout au moins accompagnés par la musique (1). On sait d'ailleurs quel soin les orateurs de l'antiquité donnaient au choix des mots, en raison de leur valeur harmonique et indépendamment de leur valeur comme expression d'un sentiment ou d'une idée. En cela ils n'obéis-

(1) Manzoni, dans les chœurs de ses deux drames, *Carmagnola* et *Adelchi*, déploie une bien plus grande richesse de sons que dans ses autres poésies lyriques. Destinés ou non à être véritablement chantés, par cela seul qu'ils sont des chœurs, ils tiennent davantage du dithyrambe et du génie musical de la lyre antique. Je ne sais si la volonté de l'auteur y est pour quelque chose; ce qui me paraît sûr, c'est qu'en cela il a été heureusement guidé par son instinct de grand poète.

saient pas tant aux préceptes des rhéteurs ou aux conseils de l'expérience qu'à une inspiration de la nature, qui a créé les genres avant qu'il y eût des critiques pour en rédiger les lois, et même des écrivains pour les pratiquer.

J'arrive à la partie la plus délicate de ces observations sur le son dans ses rapports avec le style, celle qui touche à la personne même de l'écrivain. Je risque de n'être pas compris ou de n'être qu'à demi compris de ceux qui n'ont pas réfléchi sur ces matières, ou dont l'oreille peu exercée perçoit difficilement des différences souvent très-petites, quoique assurément très-distinctes, parce qu'elles sont réelles.

Indépendamment du genre qu'il traite et de la langue qu'il emploie, l'écrivain choisit de préférence, presque toujours sans le savoir, ou des mots plus sonores, ou des mots plus doux, quelquefois aussi plus voilés et plus sourds. Ce n'est pas l'effet du hasard, encore moins d'un système; la nature agit seule. Il y a prédisposition morale, et, si je puis ainsi dire, organique, à faire vibrer les notes les plus retentissantes ou les plus graves de la voix humaine. Poète ou prosateur, il n'importe; les mêmes faits se produisent, plus évidents peut-être chez le premier, mais encore visibles chez le second. Il faudrait tout un livre pour juger à ce point de vue les principaux écrivains seulement de notre langue, pour indiquer les rapports qui existent entre leurs facultés, leurs penchants, leurs sentiments, leurs passions, leurs idées, et la nature des sons qu'ils affectionnent ou qu'ils recherchent. Ce sont des instruments dont les cordes vibrent avec plus ou moins de force suivant les qualités, la forme et les proportions du bois dont ils sont composés. Je ne parle ici, bien entendu, que des écrivains distingués, de ceux qui ont vraiment un style, bien qu'assurément ces réflexions pussent se généraliser et s'étendre même, non-seulement à ceux qui écrivent, mais à tous les hommes. Les sons peuvent donc, à certains égards, révéler les qualités caractéristiques des esprits comme ils révèlent les propriétés intrinsèques des corps (1).

(1) « La voix des personnes avec lesquelles les aveugles ont des rapports est la première base du jugement qu'ils en font; ils apprécient, d'après la voix, l'âge, la taille, certaines difformités

Je me bornerai à quelques indications et à quelques exemples, que chacun pourra vérifier pour son compte et compléter par de nouvelles observations.

Eschyle et Euripide sont l'un et l'autre poètes tragiques, et parfois ils traitent les mêmes sujets : ont-ils la même harmonie? Emploient-ils les mêmes sons? Non ; ils se montrent sur ce point aussi différents que possible. Aristophane, dans ses *Grenouilles*, reproche à Eschyle, par la bouche d'Euripide, ses mots ronflants, son fracas de style, et Aristote, dans sa Rhétorique (1), loue Euripide d'avoir le premier fait entrer dans la tragédie les mots d'un usage journalier et vulgaire, par conséquent les plus éloignés de tout éclat sonore, de toute emphase poétique ou oratoire. C'est qu'Eschyle, relevant ses héros au niveau des dieux, « pour de grandes pensées inventait de grands mots (2) », tandis qu'Euri-

du corps, et ils l'étudient comme nous étudions la physionomie, pour découvrir les qualités du cœur. »

(*Le Semeur*, nº du 26 juin 1850; Compte rendu d'un ouvrage de M. Dufau sur les aveugles.)

(1) Liv. III, chap. 2.

(2) *Grenouilles*, v. 1059.

pide, « mettant sur la scène les choses de la vie ordinaire (1) », y mettait aussi le langage de chaque jour. Leur style était d'accord avec la manière dont chacun d'eux envisageait la poésie, c'est-à-dire avec le caractère de leur faculté inventive et la nature de leur inspiration (2).

Même analogie entre le style de Corneille et celui de Racine. Le premier choisit habituellement des sons plus forts, le second des sons plus doux; les rimes du premier sont plus sonnantes et plus vigoureusement frappées, celles du second plus molles et plus fondues dans le tissu général du style. Quelle cause assigner à ces différences et à ces contrastes si ce n'est une différence de nature et de génie?

Il y a certainement une harmonie plus douce dans les *Géorgiques* que dans le *Poème de la Nature* et dans l'*Énéide* que dans la *Pharsale*. Lucrèce em-

(1) *Grenouilles*, v. 959.

(2) On remarquera qu'Eschyle est encore sous l'influence directe du chœur primitif, qu'il en est, pour ainsi dire, enveloppé, et qu'il a tout naturellement, dans l'emploi des sons, une hardiesse et un éclat dithyrambiques.

ploie des sons plus rudes, plus heurtés, plus énergiques, non pas seulement parce qu'il précède Virgile, mais parce qu'il n'a ni la même pensée, ni la même imagination, ni le même sentiment. Les vers de Lucain sont plus retentissants que ceux de Virgile, non pas seulement parce qu'il vient après lui, mais parce qu'il pense et sent autrement que lui.

J'en dirai autant de deux lyriques espagnols, Louis de Léon et Fernando Herrera. C'est la même langue, la même époque, le même genre; mais le premier est poète mystique, le second, poète héroïque; aussi les sons ont-ils chez celui-ci toute la pompe, toute la magnificence, tout l'éclat que comporte la langue de son pays (1), chez celui-là, je ne sais quoi de doux, d'atténué, de voilé, qui convient à la nature sentimentale de son génie (2).

(1) « El mas altisonante de nuestros liricos, Fernando de Herrera », dit avec beaucoup de justesse M. Burgos dans son discours de réception à l'Académie royale espagnole. (*Apuntes para una Biblioteca de Escritores espanoles contemporáneos*, por D. Eugenio de Ochoa.)

(2) Comparez, au même point de vue, Dante et Pétrarque, Milton et lord Byron, etc., surtout dans les passages dont l'in-

Qu'on applique ces observations à nos écrivains français, prosateurs ou poètes, soit des siècles passés, soit de notre siècle; qu'on pénètre dans le secret de toutes ces âmes d'élite pour y chercher des rapports mystérieux entre les impulsions les plus vives, les plus profondes, de leur être moral et cette harmonie particulière qu'ils réalisent ou qu'ils rêvent; on verra de cette étude, commencée avec curiosité et sympathie, poursuivie avec ardeur et passion, sortir une foule d'idées, de sentiments, de rapprochements et de contrastes, qu'on n'eût peut-être pas soupçonnés; on remontera du son que rend le style à l'homme qui le produit; on saisira des nuances d'une infinie variété et d'une infinie délicatesse; on s'expliquera mieux certains défauts et certaines qualités; et assurément on se représentera plus nettement, plus complètement surtout, ces natures d'écrivains, en même temps compli-

tention et le mouvement sont à peu près les mêmes, comme la fameuse apostrophe de Dante à l'Italie, au VIe chant du *Purgatoire*, et la XVIe *Canzone* de Pétrarque, ou l'hymne de Milton à la lumière, au début du IIIe chant du *Paradis perdu*, et l'hymne de Byron à l'Océan, à la fin de *Child-Harold*.

quées et simples, qui ont éveillé en nous tant de pensées endormies.

L'harmonie des mots, avant d'être un art, est un fait naturel qui se lie à tous les mystères de l'âme et tient aux racines mêmes de l'organisme. Quelle que soit la langue, plus douce, plus rapide, plus coulante, chez les peuples du Midi, plus rude, plus pénible, plus embarrassée de consonnes, chez les peuples du Nord, les mêmes nuances relatives s'observent entre les écrivains d'un même pays, principalement, on le conçoit, entre les poètes. Il en est ainsi du nombre, de la mesure, du rhythme, toutes choses étroitement liées aux sons, dont elles représentent des combinaisons et des aspects divers. Là encore nous retrouvons la nature en première ligne. Elle inspire à chaque grand écrivain, relativement à son époque et à l'état de la langue dont il se sert, le secret des nombres et du rhythme; elle lui enseigne des moyens certains pour varier l'harmonie de son style, soit en flattant l'oreille de sons doux, soit en la réveillant énergiquement par des sons forts, quelquefois même par d'âpres consonnances. Au reste je n'ai pas à m'occuper ici de ces questions, qui ont été traitées à fond dans différents ouvrages auxquels je dois renvoyer. Mon but n'est pas de donner des préceptes pour bien écrire, mais de rechercher les caractères essentiels ou variables du style, et d'en déterminer, si je puis, les lois générales.

L'harmonie des phrases dépend en partie des causes que je viens d'indiquer, en partie d'autres causes dont je parlerai plus tard. Il est évident, d'un côté, que des mots sonores feront des phrases sonores, des mots sourds et voilés des phrases sourdes et voilées, et de l'autre, qu'il y a une espèce d'harmonie tout à fait indépendante du son des mots et qui correspond aux qualités mêmes de la pensée. Cette question se rattache donc à ce que j'ai nommé le *dessin* dans le style.

Il est une troisième sorte d'harmonie, l'harmonie imitative, dont les rhéteurs ont beaucoup abusé comme de tout le reste. Les rhéteurs font pour l'art d'écrire ce que les casuistes font pour la morale; ils analysent, ils dissèquent, ils réduisent en catégories puériles, en prescriptions minutieuses, les uns ces procédés de style que la nature enseigne aux vrais écrivains, les autres ces éternelles vérités que la conscience a gravées dans le cœur de chaque homme; ils donnent des recettes, ceux-là pour bien écrire, ceux-ci pour se bien conduire; mais ils suppriment la nature et la conscience, devenues inutiles et presque dangereuses pour le succès de leur méthode artificielle.

Or, qu'est-ce que l'harmonie imitative? Un rapport de son entre le mot et la chose qu'il exprime, quelquefois aussi une certaine disposition des mots ou des sons dans la phrase en vue de certains effets.

Dans le premier cas, il est clair que cette analogie tient à la langue elle-même; que plus une langue est rapprochée des temps primitifs et du berceau d'une civilisation, plus elle est concrète, plus par conséquent elle est riche en beautés de ce genre; que plus elle vieillit au contraire, plus elle devient abstraite et pauvre en onomatopées; qu'il y a à cet égard de remarquables différences entre les langues; que le grec, par exemple, est plus imitatif que le latin, et le latin que le français, l'anglais autrement imitatif que l'espagnol, et l'italien que l'allemand (1); qu'enfin là encore il faut admettre l'intervention presque constante de cet instinct propre à tout écrivain digne de ce nom, et

(1) Dans Herrera (*Cancion III*), Dieu, irrité de l'orgueil des Portugais, ouvre sa main et laisse tomber dans l'abîme le char et le cheval et le cavalier :

Y el santo de Israel abrió su mano,
Y los dejó, y cayó en despenadero
El carro y el caballo y caballero.

Dans Pope (*Essai sur l'Homme*, Ep. I), Dieu voit du même œil les atômes ou les systèmes se précipiter à leur ruine, et crever tantôt une bulle d'air, tantôt un monde :

Atoms or systems into ruin hurl'd,
And now a bubble burst, and now a world.

Il fallait, dans ces deux exemples, une égale vigueur de sons pour rendre l'image; mais le poète espagnol y arrive par l'accumulation, le poète anglais par la seule énergie des expressions que sa langue lui fournit. Dante, au début du XXXIIe chant de son *Enfer*, regrette de n'avoir pas à sa disposition des rimes assez âpres, assez rauques, pour le sujet qu'il va chanter, pour les terribles tableaux qu'il va peindre; je ne sache pas que Milton, aux prises avec Satan et les horreurs du monde ténébreux, ait exprimé en quelque endroit de son poème un regret de cette nature. Sa langue le servait trop bien pour cela. Il est inutile d'ajouter que, s'il s'agit de douceur ou d'éclat, les langues méridionales reprennent l'avantage. Pétrarque et l'Arioste n'ont de rivaux à craindre ni en Angleterre ni en Allemagne, toutes les fois du moins qu'il sera question seulement de la mélodie du langage.

qui lui fait trouver sans les chercher ces analogies et ces rapports.

Dans le second cas, l'art me semble avoir une plus grande part, une action plus décisive. Aussi est-ce ordinairement aux époques de littérature raffinée, disons le mot, aux époques de décadence, qu'on rencontre chez les prosateurs et les poëtes de ces effets de style parfois très-beaux, mais le plus souvent gâtés par l'affectation et la recherche. Lucrèce n'en a pas, quoique ses vers soient imitatifs dans le sens le plus large, le plus naturel du mot; Virgile en a peu, Horace aussi : encore chez eux ces effets semblent-ils un résultat de l'inspiration bien plus que de l'art; au contraire, ils abondent dans Lucain et dans Juvénal. Je n'en citerai qu'un seul, qui m'a toujours paru admirable. Je l'emprunte à ce passage de la Xe satire de Juvénal, où le poëte nous met sous les yeux ce merveilleux contraste de la grande destinée d'Annibal et de sa misérable mort.

Finem animæ quæ res humanas miscuit olim,
Non gladii, non saxa dabunt, non tela, sed ille
Cannarum vindex, et tanti sanguinis ultor
Annulus.

Ce dactyle final rejeté au commencement du vers, pour mieux frapper l'imagination ; ces trois maigres syllabes opposées à l'harmonie énergique et pleine des trois vers précédents ; c'est là un de ces traits, trouvés peut-être, mais qui ne perdraient rien de leur prix à n'être qu'un effet de l'art. Au reste, qu'il s'agisse simplement d'un rapport de son entre le mot et la chose ou de ces combinaisons de phrases, dans lesquelles cependant le son de certaines syllabes influe puissamment, ainsi que nous venons de le voir, sur le résultat produit, il est toujours nécessaire d'admettre que l'art vient en seconde ligne et que la nature est la première maîtresse en ces différentes sortes d'harmonie.

Démosthènes, Cicéron et Bossuet se contentent, en fait d'harmonie imitative, d'employer le mot propre, qui est presque toujours le mot le plus expressif; saint Augustin, non moins élevé que Démosthènes, Cicéron et Bossuet par le génie, mais entraîné par le goût de son époque et les tendances de son esprit, où se confondent les raffinements de la décadence latine et les subtilités du mysticisme chrétien, s'égare à chaque instant en fausses et puériles recherches d'harmonie, et semble vouloir d'avance faire entendre dans son style les tintements de la cloche qui ne commença que deux ou trois siècles plus tard à marquer aux fidèles les heures de la prière (1).

Il y a dans Racine des vers imitatifs, comme dans Corneille, comme dans Boileau et La Fontaine; mais ni Racine, ni Corneille, ni Boileau, ni La Fontaine n'ont travaillé spécialement pour les produire; ils les ont rencontrés sans effort, poussés le plus souvent par la seule inspiration du génie. Delille, poète d'un vrai talent cependant, est toujours à la poursuite de ces effets, que la nature lui suggérerait peut-être, s'il ne se croyait

(1) Voici un passage tiré du premier chapitre des *Confessions*, qui suffit, je crois, comme exemple et comme preuve :

« Sed quis te invocat, nesciens te? Aliud enim pro alio potest invocare, nesciens te. An potius invocaris, ut sciaris? Quomodo autem invocabunt, in quem non crediderunt? Aut quomodo credent, sine prædicante; et laudabunt dominum, qui requirunt eum? Quærentes enim invenient eum, et invenientes laudabunt eum. Quæram te, domine, invocans te; et invocabo te, credens in te; prædicatus es enim nobis. Invocat te, domine, fides mea, quam dedisti mihi, quam inspirasti mihi, per humanitatem filii tui, per ministerium prædicatoris tui. »

obligé d'imiter ce qu'il a l'habitude d'admirer chez les autres. En un mot, ce sont de ces beautés qu'on atteint d'autant mieux qu'on les a moins cherchées.

CHAPITRE III.

DE LA COULEUR, DU DESSIN ET DU MOUVEMENT.

Les objets extérieurs nous apparaissent inévitablement avec des couleurs, avec des contours ou des lignes, et, s'ils sont animés, avec des mouvements, des attitudes, des gestes, aussi variés que les impressions intérieures. Le style, destiné à reproduire les idées que nous nous formons des choses, a donc nécessairement des couleurs, un dessin, des mouvements expressifs. Il exprime, par la couleur, des images, par le dessin, des idées ou des formes, par le mouvement, des sentiments ou des passions.

D'ailleurs, c'est bien l'ordre où ces phénomènes ont lieu.

Dans tout objet que la lumière révèle à notre vue, nous distinguons d'abord les couleurs, puis les lignes qui circonscrivent les couleurs, puis les mouvements, gestes ou attitudes, qui ne sont jamais que les diverses combinaisons des lignes. C'est ainsi du moins que nous nous rendons compte successivement de ce qui se passe simultanément sous nos yeux. Il peut arriver que nous soyons frappés d'un mouvement avant de connaître l'ensemble des lignes dont l'objet en mouvement se compose; mais nous ne pouvons apprécier la valeur et le caractère de ce mouvement avant de percevoir clairement la forme générale de l'objet et l'harmonie de ses contours. Nous devons donc étudier en premier lieu la couleur, en second lieu le dessin, en troisième lieu le mouvement.

De même que la couleur est la première chose qui nous frappe dans un objet quelconque, aussitôt qu'il s'offre à nos regards, de même la couleur est l'élément primitif du style, celui du moins qui apparaît avant tous les autres dans le développement régulier des langues et des littératures (1). Si la couleur n'existait pas dans les corps, nous ne saisirions que des lignes abstraites, accessibles à l'intelligence, mais inaccessibles à l'imagination, et nous ne pourrions nous en emparer définitivement par la mémoire qu'à l'aide du raisonnement, comme cela se fait en géométrie. Si la couleur n'existait pas dans le style, les nations, aux époques naïves de leur histoire, les langues, à leur origine, manqueraient de moyens d'expression, ou n'aboutiraient qu'à des essais informes, et le plus souvent s'épuiseraient en vaines tentatives. La raison ne se développe pas aussi vite que l'imagination, et l'on exprime les perceptions par la couleur longtemps

(1) Voyez les *Niebelüngen*, traduction de Mme Moreau de la Meltière; les *Poëmes Islandais*, traduits et savamment commentés par M. Bergmann, professeur à la Faculté des lettres de Strasbourg; la *Finlande*, par M. Léouzon Le Duc; les *Chants populaires de la Grèce moderne*, recueillis et publiés par M. Fauriel, et en général tous les monuments de la poésie primitive ou populaire.

avant d'enfermer les idées dans des lignes nettes et précises. Que l'on soit un peuple ou que l'on soit un homme, on commence par des images, toujours vives et claires, si on les prend isolément, souvent confuses, si l'on tente de les grouper, et l'on finit par des idées qu'on enchaîne symétriquement suivant les lois de la logique et les règles de l'art. Les sauvages, les peuples primitifs, les enfants, les gens du peuple, soit dans les villes, soit dans les campagnes, ont un langage coloré, tout en figures et en images, et ne se doutent guère des exigences de l'idée, qui veut, pour être parfaite d'expression, un dessin pur, serré, correct, des contours précis, des lignes à la fois souples et fermes. On a pu dire avec raison qu'il se faisait plus de tropes à la halle en un jour qu'à l'Académie en toute une année. Si les animaux pouvaient parler, comme ils n'ont que des sensations, ils ne parleraient que par images.

Ce que j'ai dit de l'influence du climat et de la race sur la nature du son n'est pas moins vrai de la couleur. Elle varie d'une zône à l'autre, d'une nation à l'autre. Chaude et vive au Midi, elle est plus sombre et plus énergique au Nord. Ici un ciel changeant, entremêlé de brumes et de clartés; là un ciel toujours pur, toujours brillant, des horizons toujours baignés de lumière. Il en résulte qu'au Nord la couleur est plus inégale ou plus variée, au Midi plus égale ou plus uniforme; qu'au Nord les écrivains, les poètes surtout, prêtent à la nature, presque toujours voilée, une infinité de formes et d'aspects tout fantastiques, d'expressions, si l'on peut ainsi dire, personnelles; tandis qu'au Midi, sous l'influence du soleil, clair et incorruptible interprète d'une nature sans voiles, ils remplissent leur style de ce qu'ils voient bien plus que de ce qu'ils rêvent. Chez les Hébreux, et en général chez les Orientaux, il y a une extrême hardiesse d'imagination et par conséquent de couleur. La faculté qui, dans l'homme, médite, combine, ordonne, y est souvent écrasée par cette faculté plus prompte, plus ardente, plus impétueuse, plus vivante en un mot, qui se nourrit de sensations et s'épanouit en images (1).

(1) Le caractère de la race subsiste même au milieu de circonstances nouvelles, qui sembleraient devoir le modifier. Camoëns, par exemple, qui compose ses *Lusiades* à Macao, reste

Est-il besoin d'insister sur l'intime relation qui existe entre la nature de l'écrivain et la couleur qu'il affectionne? Le poète, dit-on, est peintre; tout homme né pour écrire l'est aussi, à quelque degré que ce soit. Il a donc nécessairement, comme le peintre, une manière propre de sentir la couleur et de l'exprimer. Il saura plus ou moins habilement fondre les nuances, distribuer la lumière et les ombres, tirer parti des contrastes; il sera enfin plus

entièrement Portugais dans le tour de son imagination et la couleur de son style. Ses vers sont admirables d'éclat, de force, de douceur; mais ils sont virgiliens comme ceux de l'Arioste ou du Tasse, qui n'ont jamais quitté l'Europe. Il décrit l'Orient avec des images toutes classiques, et son fameux Génie des Tempêtes est si savant qu'on serait tenté de croire qu'il a été élevé dans les écoles publiques d'Italie, ou tout au moins à l'Université de Coïmbre. Sismondi, dans son *Histoire des littératures méridionales*, dit que peut-être, si Camoëns avait écrit son poëme après son retour en Europe, son imagination se serait plu à lui retracer les climats enchantés qu'il avait quittés pour jamais, et que son ouvrage eût été plus empreint de couleurs locales. La remarque est très-fine; mais je suis peu disposé à admettre cette supposition, pour deux raisons : Camoëns, d'une part, est Européen et homme du Midi; de l'autre, il écrit au temps de la Renaissance. A ce double titre, il ne pouvait ni sentir profondément, ni exprimer convenablement la puissante nature orientale.

ou moins coloriste, ou même il ne le sera pas du tout : ce qui ne signifie pas que son style sera complètement dépourvu de couleur, mais qu'on n'y rencontrera guère que ces images banales, ces métaphores vulgaires, qui, appartenant à tout le monde, n'appartiennent plus en particulier à personne. Il faut ajouter que chaque écrivain mettra dans sa couleur quelque chose d'indéfinissable, qui tient au plus intime de son être, à cette région mystérieuse de l'âme où la couleur et le son viennent se fondre dans une seule et même harmonie.

Voyez M. de Lamartine dans ses *Méditations*, dans ses *Harmonies*, dans son *Jocelyn* : son style est-il de la musique ou de la peinture? Il est l'un et l'autre, et cependant il n'est jamais exclusivement ni l'un ni l'autre. Il est évident que le poète chante et peint en même temps, et par un même acte plutôt que par deux actes simultanés ; qu'il y a dans son âme une transformation perpétuelle du son en couleur et de la couleur en son ; que lui-même à certains moments ne pourrait pas dire si ce ne sont pas des sons qu'il voit et des couleurs qu'il entend. Prenez, au contraire, M. Hugo, surtout dans ses œuvres lyriques. Certes, il aime les sons, et il a sur ce point ses goûts positifs et ses prédilections marquées; mais il leur préfère la couleur; mais il est bien plus peintre que musicien, et plus sculpteur encore que peintre. Sa vue est nette, précise, arrêtée; il peint les choses en homme qui les a regardées et observées de près; il donne à son style des contours vigoureux, des lignes sculpturales. Il peut laisser du vague dans la pensée ou dans le sentiment; il n'y en a jamais dans la couleur de la figure ou dans le dessin de la phrase. Sans nul doute il abuse de ces deux choses, de l'image par la prodigalité, de la ligne par la symétrie; mais M. de Lamartine abuse aussi de sa couleur, souvent indécise, de son harmonie, souvent trop musicale, au point de noyer, comme dans un nuage de vapeurs fuyantes et dans une profusion de mélodieux accords, les contours amollis de ses phrases que rien n'arrête.

Je pourrais multiplier les citations et les rapprochements; je n'ajouterais rien, je le crois, à la clarté de ma pensée.

Cela me conduit à parler du dessin, qui correspond surtout à l'idée, ainsi que la couleur à la sensation.

Un peintre, quand il conçoit un tableau, le voit dans son ensemble, comme s'il était réalisé ; c'est une sorte d'intuition commune à tous ceux qui inventent. Or, l'effet général de toute peinture se faisant d'abord par la couleur, c'est la couleur qui le frappe d'abord ; l'ordonnance et même la conception claire du dessin ne doivent venir qu'après. S'il en était autrement, il ne serait pas peintre ; à coup sûr du moins il ne serait pas coloriste. Essayez cependant de supprimer le dessin dans une peinture quelconque, que restera-t-il ? Du rouge, du bleu, du jaune, du vert, du blanc, du noir, des couleurs enfin, produits d'une force puissante, mais aveugle, que rien ne limite ou ne détermine, qui saisit nos sens et notre imagination, sans arriver à notre intelligence, quelque chose enfin d'inachevé, qui attend, pour être, l'idée, c'est-à-dire la forme. Supprimez la couleur au contraire, et ne conservez que les lignes, vous avez toute la pensée du peintre qui se montre clairement à vos yeux, soit dans l'ensemble, soit dans les groupes, soit dans chaque personnage ou chaque objet, suivant les genres ; rien ne manque à son tableau de ce qui doit porter une idée à votre esprit, sauf peut-être les nuances que la couleur ajoute, indépendamment de l'effet total, à l'expression animée de certains sentiments et même de certaines idées. Encore les peintres habiles, pour ne pas parler seulement des grands peintres, feront-ils soupçonner la couleur même dans le dessin, tant il y a au fond de rapport entre ces deux choses, comme au reste entre tous les éléments de nos créations, si divers qu'ils semblent au premier aspect.

Ces observations s'appliquent au style aussi bien qu'à la peinture. Ils sont l'un et l'autre soumis aux mêmes conditions, logiques et historiques tout à la fois.

La pureté, la netteté, la précision et la vigueur des lignes n'apparaissent dans le style qu'avec la civilisation chez les peuples, avec la virilité chez les individus, c'est-à-dire avec le développement logique des idées et l'art qui en règle l'expression. Il faut avoir pleine conscience de sa pensée pour la revêtir de ces formes arrêtées sans lesquelles elle reste flottante et indécise. Dessiner d'une main ferme et hardie les contours de l'idée; la faire sortir du pêle-mêle des sons et des figures comme une statue d'un bloc de marbre; lui donner, à côté du relief. de la couleur, le relief des lignes; cela n'appartient qu'aux langues déjà viriles et au génie des maîtres. Il ne faut pas l'oublier, dans le style, aussi bien que dans la musique, on dessine avec des sons, et la justesse des proportions, la coupe savante des phrases, la mesure et le nombre des articulations ou membres dont elles se composent, l'enchaînement rhythmique des syllabes longues ou brèves, sourdes ou sonores, concourent en même temps à l'harmonie qui charme l'oreille et à l'harmonie qui satisfait les yeux. Il existe enfin un lien étroit, un rapport indestructible entre le travail de développement ou de cohésion qui se fait dans l'esprit et cette facile ou puissante harmonie que l'expression réalise au dehors. Il faut donc chercher dans l'âme de l'écrivain, dans les qualités et les défauts de son esprit, même de son caractère, la raison d'être de son dessin, quel qu'il soit, comme on doit y chercher, selon que je l'ai dit plus haut, les motifs de sa prédilection pour telle nature de sons et de couleurs plutôt que pour telle autre. D'ailleurs l'écrivain, en tant qu'individu, résume en lui toutes les influences que j'ai déjà signalées, race, climat, nationalité, époque, et souvent, pour bien apprécier le plus ou le moins de valeur de son dessin, le plus ou le moins de précision de ses lignes, il est besoin de connaître l'histoire, les institutions et les mœurs de son pays. Ayant indiqué dans un autre ouvrage quelques-uns de ces rapports chez les principales nations littéraires, je crois inutile d'y revenir (1). Je ne puis toutefois me dispenser de faire à la littérature française l'application des principes que je viens d'établir.

La France aime l'idée; elle la conçoit avec clarté, elle l'exprime avec netteté et vigueur. Aussi préfère-t-elle généralement le dessin à la couleur, ou du moins n'accepte-t-elle la couleur que dans la mesure où elle peut s'unir au dessin sans nuire à la pensée. Il y a en France, dans nos grands siècles

(1) *De l'Invention originale.*

littéraires, équilibre entre la raison et l'imagination. Voilà pourquoi l'imagination semble parfois lui manquer, la plupart des hommes ne sachant la reconnaître que lorsqu'elle domine. Chez nous donc, le plus habituellement, on donne à la phrase, qui enferme l'idée, une forme pure, précise et correcte, comme on donne à l'ensemble de l'œuvre, par une conséquence nécessaire, un cadre harmonieux et savant. Les mêmes qualités de l'esprit qui impriment à chaque idée isolée une allure droite et ferme influent en même temps sur la justesse de la composition et la clarté des développements.

Depuis Malherbe et Descartes, comme tous nos écrivains, poètes et prosateurs, marchent ensemble et d'accord vers cette noble perfection du dessin qui a fait la force de notre littérature au dedans et son influence au dehors! Et dans cette harmonie même de tous les esprits, dans ce concert de tous les efforts, quelle admirable variété! Quelle beauté et en même temps quelle souplesse de style! Examinez-les tous : Malherbe, Corneille, Molière, Racine, La Fontaine, Boileau, parmi les poètes; Descartes, Pascal, Bossuet, Fénelon, Bourdaloue,

Massillon, La Bruyère, et plus tard, Voltaire, Rousseau, Montesquieu, Buffon, parmi les prosateurs : ils se ressemblent à coup sûr pour la netteté toujours, souvent pour la vigueur des lignes ; et cependant ils se distinguent par des traits tellement caractéristiques qu'il est impossible, même aux plus inexpérimentés, de confondre leurs différents styles. Nous avons, il est vrai, depuis une quarantaine d'années, quelque peu dévié de cette voie salutaire.

Vers le commencement de ce siècle, Châteaubriand ramena le goût de la couleur, et trop souvent, disons-le franchement, de la couleur fausse. La littérature et la langue elle-même semblaient épuisées après tant de chefs-d'œuvre. De grands évènements secouaient violemment l'esprit des peuples et remuaient tous leurs instincts, bons ou mauvais. Châteaubriand revint à l'imagination, comme à une source abandonnée, remontant ainsi le cours des siècles et redemandant à l'élément primitif, ou, si l'on veut, instinctif du style, c'est-à-dire à la couleur et à l'image, des moyens de rénovation et de rajeunissement. Par malheur, en cela il est facile de se tromper et de prendre pour un renouvellement ce qui n'est après tout qu'un effort. Les goûts du vieillard ou de l'homme blasé ressemblent beaucoup parfois à ceux de l'adolescent ; mais cet amour désordonné de la sensation, qu'excitent chez celui-ci l'ardeur du sang et l'exubérance de la vie, n'est chez l'autre qu'un effet de la lassitude et de l'épuisement. Aussi voit-on les littératures finir, comme elles ont commencé, par l'usage immodéré de la couleur et de l'image.

Cette réflexion pourrait paraître chagrine, ou pis que cela, si je l'appliquais sans exception à toute la littérature de notre époque. Ce serait rabaisser le présent au profit du passé, ce qui n'est ni dans mes intentions ni dans mes goûts, car cela n'est ni dans la vérité ni dans la justice. Il y avait nécessité à retremper dans ses origines et la langue et le style. Là est le grand côté de l'œuvre de Châteaubriand. Les plus élevés de nos écrivains contemporains, marchant après lui dans cette voie, ont su pour la plupart s'arrêter à temps et n'admettre la nouveauté que dans une juste mesure. Sans s'écarter de la tradition française, sans cesser d'encadrer la pensée dans un dessin large et pur, d'illustres prosateurs et d'illustres poètes ont redonné à notre langue par le coloris un caractère d'énergie qu'elle n'avait plus. Deux femmes même, madame de Staël et madame Sand, sont venues apporter à l'œuvre commune des qualités d'esprit et une richesse d'imagination vraiment viriles, tempérées par cette délicatesse de sens et cette douceur pénétrante qui n'appartiennent qu'à leur sexe. Nous ne sommes donc pas encore dépossédés du magnifique héritage de nos devanciers. Toutefois craignons de l'altérer et de l'amoindrir en penchant de plus en plus vers la couleur, ou même en abusant, comme quelques-uns l'ont fait, du dessin et de la ligne; car, aux époques comme la nôtre, ce qu'il y a de plus difficile, c'est de se défendre des excès, toujours dangereux, même dans le bien.

Au son, qui est le corps ou la matière du style, à la couleur, qui correspond surtout à la sensation, au dessin, qui correspond surtout à l'idée, se joint le mouvement, qui traduit au dehors les émotions intérieures de l'âme, les sentiments et les passions.

Il s'applique au son, pour l'accélérer ou le ralentir, suivant les impressions d'une infinie diversité qui modifient l'âme dans le sens de la joie ou de la tristesse, de la haine ou de l'amour ; à la couleur, pour en échauffer et en varier tout à la fois les nuances expressives (1); au dessin, pour lui communiquer cette souplesse animée qui fait vivre l'idée, cette rapidité qui lui donne des ailes, ou cette gravité majestueuse qui révèle la méditation de l'esprit et la profondeur de la pensée. Sans le mouvement, point de poésie, point d'éloquence, ou pour mieux dire, point de style.

Le mouvement n'est pas moins nécessaire aux autres arts. Il est l'âme même de la musique, sur les sons de laquelle il agit comme sur les sons du style, mais avec d'autant plus de force et de puissance que la musique, presque entièrement privée des ressources de la couleur, et ne pouvant arriver au dessin que par le mouvement, ne serait sans le mouvement qu'un assemblage plus ou moins confus

(1) Il en est du style comme du visage humain, auquel la mobilité de la couleur donne une si éloquente variété d'expressions.

de sons juxta-posés. On le retrouve dans la peinture et la sculpture, qui semblent immobiles. Il est dans l'expression des physionomies, dans le regard, dans les gestes, dans les attitudes; il y a des tableaux qui parlent; il y a des statues qui marchent, qui courent, qui volent; il y a dans ces deux arts mille passions, mille sentiments qui s'expriment, mille mouvements enfin qui saisissent en même temps l'âme et les yeux. A plus forte raison est-il dans l'art de la danse et dans l'art du comédien, puisqu'il en est la condition indispensable, puisque sans lui ils ne seraient pas.

La nature, notre modèle universel, est toujours en mouvement. C'est parce que la terre se meut, que nous voyons passer devant nous ces spectacles d'une variété et d'une richesse infinies, les saisons avec leurs accidents et leurs aspects divers, les jours et les nuits avec leur intarissable fécondité de couleurs et de nuances; c'est parce que l'air se meut, que les nuages traversent le ciel sous mille formes gracieuses ou terribles, que les mers se soulèvent, que les flots écument, que les végétaux s'agitent en mille capricieuses ondulations; c'est parce que la chaleur, cette divine sœur de la lumière, se meut dans tous les êtres, que nous voyons l'oiseau voler, le poisson nager, le quadrupède bondir, et la nature tout entière, même quand elle semble endormie dans son repos, remuer et comme palpiter sous le souffle de Dieu. Que le mouvement s'arrête, il n'y a plus dans la création que l'immuable uniformité de la lumière ou des ténèbres, et dans les deux cas la stérile immobilité de la mort.

Le style peut-il, plus que la nature, se concevoir sans le mouvement? Autant vaudrait dire que l'homme serait encore l'homme, s'il n'était qu'une machine organisée pour recevoir les sensations et les transformer en idées, s'il n'avait en lui cette source de sentiments et d'amour d'où découlent incessamment les innombrables phénomènes de la vie.

Le mouvement se mêle donc à tous les autres éléments du style; il les unit, il les fond, il n'en fait qu'un tout; il agit sur eux comme le feu sur des métaux divers qu'il lie ensemble par la fusion. Il donne de plus au style cette variété, si l'on peut dire, vivante, qui consiste dans le rapport harmonieux des expressions avec les sentiments dont elles émanent. Il ne faut donc pas s'étonner que le mouvement varie suivant la nation, suivant le genre, suivant l'écrivain. Cette diversité est celle de la vie. On n'enseigne pas la chaleur et la rapidité du style; elles tiennent à la nature même de celui qui écrit et sont exigées quelquefois par la nature de son ouvrage. Le feu de l'âme se répand dans le style et lui imprime cette infinité de tours, d'inflexions, d'attitudes, de formes idéales et de mouvements passionnés, qui font d'un seul être et d'une seule œuvre tout un monde. De là naît l'éloquence, soit qu'elle parle dans un poëme d'Homère ou dans un discours de Démosthènes; l'éloquence, cette puissance persuasive, parce qu'elle vient de Dieu, qui la possède éternellement, lui, et ne fait que nous la prêter pour quelques moments fugitifs, souvent encore méconnus de nous-mêmes!

CHAPITRE IV.

DES FIGURES QUI SE RAPPORTENT A LA COULEUR.

Ces principes posés, il faut en voir les conséquences.

Elles sont toutes contenues dans ce qu'on nomme les *figures*.

Or, les figures, qu'on distingue ordinairement en figures de mots et figures de pensées, — division que je trouve, pour ma part, illogique et superficielle, car elle ne repose que sur des caractères extérieurs, — ne sont et ne peuvent être que des combinaisons diverses de la couleur, du dessin et du mouvement, des modes différents sous lesquels se révèlent ces trois éléments du style.

Les unes se rapportent plus spécialement à la couleur, parce qu'elles naissent de l'imagination, les autres au dessin, parce qu'elles sont plutôt des produits de l'intelligence ou de l'art, les autres enfin au mouvement, parce qu'elles sortent du fond même de l'âme, émue par le sentiment ou la passion. Les premières sont des images, les secondes des formes, les troisièmes des gestes, *gestus orationis*, comme disaient les Anciens.

Les figures qui se rapportent à la couleur sont : la *Métaphore* avec toutes ses variétés, la *Comparaison*, l'*Allégorie* et la *Périphrase*.

La *Métaphore* est l'expression vive, immédiate et spontanée d'un rapport. L'imagination, fortement frappée, communique l'image au style sans intermédiaire et sans auxiliaire. Aussi la métaphore est-elle surtout à l'usage des poëtes lyriques et des orateurs, comme en général de tous ceux que la passion ou le sentiment domine. Entraînés par l'imagination, ils saisissent au vol le rapport qui leur traverse l'esprit, l'image qui leur passe devant les yeux, et la transportent toute vivante dans le style. Ils n'ont pas le temps de développer les différents termes du rapport ; le voir, s'en emparer, l'exprimer, c'est pour eux un seul et même acte. Les Orientaux, livrés, ainsi que je l'ai dit plus haut, à cette puissance mobile de l'imagination, dominés d'ailleurs et comme enivrés par l'énergique nature qui les entoure, remplissent leurs ouvrages de métaphores. Les prophéties des Hébreux sont métaphoriques comme les odes de Pindare, et Pindare a transmis sa tendance, sinon sa fécondité et sa force imaginative, aux poètes lyriques de tous les temps et de tous les pays. Les enfants et les peuples primitifs ressemblent sur ce point aux lyriques et aux orateurs ; ils traduisent immédiatement leurs impressions par des métaphores. Les littératures vieillies en font autant, avec la naïveté et la justesse de moins.

La métaphore a pour loi fondamentale l'analogie. C'est le bon sens qui le veut ainsi. Il est clair que si cette loi n'est pas observée, il y aura dans le style une confusion funeste tout à la fois à la clarté et à la vérité de l'image. Les grands écrivains ne manquent guère à cette règle, moins encore par volonté que par instinct. Je ferai remarquer que, plus il y aura dans l'imagination du poète (il s'agit surtout ici du poète) de rapidité, d'ardeur, d'entraînement, moins il sera porté à observer l'analogie, les images s'entassant dans son style comme elles s'entassent dans son esprit, à mesure qu'il avance, c'est-à-dire qu'il vole — car le poète est chose ailée, nous dit Platon — ; qu'au contraire, plus sa marche sera lente et mesurée, plus exactement il observera cette loi nécessaire de l'analogie. On en peut dire autant de l'époque où il vit. Si elle est calme et réglée, l'écrivain sera disposé, indépendamment du genre qu'il traite et de son caractère personnel, à se conformer à ces règles qui sont en nous avant d'être dans les livres ; si au contraire elle est troublée, désordonnée, confuse, l'écrivain, plus dominé par le mouvement tumultueux de ses passions et par les capricieuses fantaisies de son imagination, fera bon marché de ces prescriptions du sens commun, qu'il regardera comme des entraves, et se laissera entraîner à des accumulations de métaphores heurtées dont l'analogie ne reliera plus les termes. C'est ce que nous avons vu trop souvent dans notre temps. A une remarquable faculté de colorer le style s'est ajoutée la déplorable habitude de tout admettre de ce qui brille, de dédaigner ou de méconnaître les rapports naturels des choses, de chercher enfin la nouveauté et l'éclat dans le pêle-mêle des couleurs et l'incohérence des figures. Ces défauts, déjà sensibles chez les maîtres, se sont démesurément accrus chez les disciples. Chez les premiers, ils étaient rachetés du moins par des qualités supérieures et cet heureux privilége du génie qui lui fait éviter, même dans l'erreur, les excès les plus choquants; chez les derniers, ils apparaissent d'autant plus exagérés, ils blessent d'autant plus vivement les regards, que la pensée et le sentiment se sont retirés pour ne laisser plus éclater qu'une prodigieuse confusion de couleurs et d'images.

Il y a des métaphores qui caractérisent avec une étrange énergie les tendances particulières de l'écrivain, ses idées, ses passions, ses habitudes, et qui sont comme le cachet de sa personnalité, parfois même de sa nationalité (1).

Un poète espagnol, le P. Hojeda, commence ainsi sa *Christiade*, ouvrage remarquable à plus d'un titre :

« Je chante le Fils de Dieu, qui fut homme et mourut pour l'homme dans la douleur et les affronts : Muse divine, *trempe ma langue dans son flanc ouvert* et fais-la mouvoir en son nom (2), etc. »

(1) Ces métaphores caractéristiques sont à l'usage de tous les hommes. Les habitudes de la vie, tout le monde le sait, influent sur le langage, et chacun de nous est porté à prendre les comparaisons et les images dont il se sert dans les objets qu'il a continuellement sous les yeux. Quelques écrivains modernes ont profité habilement de cette disposition naturelle pour caractériser les personnages de leurs romans ou de leurs drames, surtout les personnages comiques ou grotesques. Walter Scott en particulier a réussi dans l'emploi de ce moyen, auquel il ne faut pourtant pas attacher trop d'importance, car il est facile, étant tout extérieur, et ne doit jamais entrer que comme un élément secondaire dans la peinture des caractères.

(2) Canto al Hijo de Dios, humano y muerto
Con dolores y afrentas por el hombre :
Musa divina, en su costado abierto
Baña mi lengua y muévela en su nombre, etc.

(*Tesoro de los poemas espanoles*, por Don E. de Ochoa.)

Je demande s'il est possible, à cette métaphore vraiment sauvage, de ne pas reconnaître le moine espagnol du temps de Philippe II.

Dante a des métaphores auxquelles il revient sans cesse, parce qu'elles sont éminemment conformes à son génie : l'arc, par exemple, et les ailes. C'est que tour à tour le poète décoche ses pensées comme des flèches, et plane, comme l'aigle, aux plus sublimes hauteurs.

Pascal, esprit profond, imagination vigoureuse, grand géomètre d'ailleurs, tire ses métaphores d'une forte observation des choses ; ses images sont des idées. Ecoutons-le parler :

« Nous sommes sur un milieu vaste, toujours incertains entre l'ignorance et la connaissance ; et si nous pensons aller plus avant, notre objet branle et échappe à nos prises ; il se dérobe et fuit d'une fuite éternelle : rien ne peut l'arrêter. C'est notre condition naturelle, et toutefois la plus contraire à notre inclination. Nous brûlons du désir d'approfondir tout et d'édifier une tour qui s'élève jusqu'à l'infini ; mais tout notre édifice craque et la terre s'ouvre jusqu'aux abîmes (1). »

L'âme tourmentée de Pascal n'est-elle pas tout

(1) *Pensées*, 1re partie.

entière dans ce dernier trait, et n'est-ce pas son histoire qu'il nous montre en une image?

Bossuet, nourri de la lecture de la Bible, en tire, comme de son propre fond, ces métaphores concentrées et puissantes, qui donnent à son style un caractère d'originalité parfois si sublime; et lors même qu'il les demande directement à la nature, il semble toujours les voir à travers la poésie des livres saints. J'emprunte un exemple à son *Sermon sur la mort*, où il y a tant de beautés du même genre :

« On n'entend dans les funérailles que des paroles d'étonnement de ce que le mortel est mort. Chacun rappelle en son souvenir depuis quel temps il lui a parlé, et de quoi le défunt l'a entretenu; et tout d'un coup il est mort : voilà, dit-on, ce que c'est que l'homme, et celui qui le dit, c'est un homme; et cet homme ne s'applique rien, oublieux de sa destinée, ou s'il passe dans son esprit quelque désir volage de s'y préparer, il dissipe bientôt ces noires idées, et je puis dire, messieurs, que les mortels n'ont pas moins de soin d'ensevelir les pensées de la mort que d'enterrer les morts mêmes. »

Je ne sais si je me fais illusion, mais je crois apercevoir aussi clairement, aussi énergiquement Bossuet, et Bossuet seul, à travers cette dernière image, que j'apercevais tout à l'heure Pascal dans le passage cité plus haut.

Je me borne à ces citations, qu'il serait facile de multiplier.

La *Comparaison* est l'expression réfléchie d'un rapport comme la métaphore en est l'expression spontanée. Elle ne vient, dans l'ordre de génération, qu'après la métaphore. Elle est donc naturellement plus étendue, plus reposée, plus tranquille. Les termes mêmes dont elle se sert la ralentissent forcément, et l'esprit, une fois arrêté dans sa course impétueuse, s'attache volontiers aux images qui lui plaisent, en développe complaisamment les circonstances et les détails, et risque parfois de s'y attarder à force de s'y complaire. Ce n'est plus ici le vol fougueux de l'imagination, qui ressemble toujours aux élans passionnés de la jeunesse; c'est la marche mesurée d'une puissance plus mûre qui se règle, ou tout au moins s'adoucit et se calme. Voilà pourquoi le poète épique, qui a devant lui une longue carrière et tout loisir pour la parcourir à son aise, laisse aux fleurs le temps de s'épanouir avec toutes leurs couleurs et tous leurs parfums; tandis que le lyrique, pressé d'arriver au but où l'inspiration l'entraîne, les cueille en courant et semble les jeter à nos regards moins comme des images durables que comme de fugitives étincelles. Si Homère peint dans l'*Iliade* et l'*Odyssée* d'immenses tableaux, où se réfléchit le monde, Pindare fait entrer toute l'expédition des Argonautes dans le cadre étroit d'une ode (1). Aussi dans Pindare, dans Horace, et dans tous les grands poëtes lyriques, la comparaison prend-elle souvent l'allure hardie de la métaphore et supprime-t-elle, surtout au début d'un chant, les termes habituels qui la caractérisent (2), afin d'alléger sa course et de déployer plus fièrement son aile. Dante, l'Homère moderne, auquel il faut toujours revenir ainsi qu'à l'Homère antique, ramasse et concentre ordinairement ses comparaisons comme un poëte lyrique, parce qu'il intervient personnellement dans son

(1) IVme *Pythique*.

(2) Cœlo tonantem credidimus Jovem
Regnare, etc.
(Horace, liv. III, ode 5.)

épopée comme le poète lyrique dans son ode ; il lui donne ainsi une brièveté énergique qui frappe l'imagination avec une incroyable puissance, y pénètre profondément, et, pour ainsi dire, s'y enfonce. On en pourra juger par les deux exemples que je vais citer.

Dante et Virgile veulent passer du huitième cercle de l'Enfer, où sont les Géants, dans le neuvième et dernier, où se trouve Lucifer. Antée les prend l'un et l'autre dans ses bras, et, se courbant, les dépose au fond de l'abîme.

« Il nous posa légèrement au fond du gouffre qui dévore Lucifer et Judas : toutefois il ne demeura pas longtemps ainsi penché et se releva comme le mât d'un vaisseau » (1).

Il n'est guère possible de présenter à l'esprit une image plus vraie, plus vigoureuse et plus sobre de mots. En voici une autre qui n'est ni moins belle ni moins concise :

(1) Ma lievemente al fondo che divora
Lucifero con Giuda ci posò :
Nè sì chinato lì fece dimora,
E come albero in nave si levò.
(Inf. C. XXXI).

« Ainsi elle me parla ; puis elle commença l'*Ave Maria*, en chantant, et en chantant aussi elle s'évanouit comme à travers l'eau profonde une chose pesante (1). »

Ce que j'ai dit des poètes s'applique également aux prosateurs. La métaphore va mieux à l'éloquence, la comparaison va mieux au récit. Partout où l'écrivain a de l'espace devant lui, il est plus porté à étendre les images en comparaisons qu'à les traduire brusquement en métaphores. D'un autre côté, la nature particulière de l'écrivain doit entrer pour beaucoup dans sa disposition à user de l'une de ces figures plutôt que de l'autre, quel que soit d'ailleurs le genre qu'il traite. Il faut ajouter que les littératures romantiques sont relativement plus riches en métaphores et moins riches en comparaisons que les littératures classiques, où l'imagination est soumise à des règles plus sévères. Ainsi il y a moins de comparaisons formelles dans Milton que dans l'Arioste ou le Tasse, et moins dans

(1) Così parlommi ; e poi cominciò *Ave*
Maria, cantando ; e cantando vanio
Come per acqua cupa cosa grave.
(Parad. C. IV.)

Klopstock que dans Milton, qui est plus voisin de la Renaissance et plus enclin par conséquent à l'imitation des formes antiques.

En résumé, la métaphore et la comparaison reposent sur le même principe. Elles sont toutes les deux l'expression d'un rapport, ou immédiatement exprimé, ou exprimé par intermédiaires, ou plus spontané, ou plus réfléchi.

L'*Allégorie*, on l'a bien dit, est une métaphore continuée. On aurait pu dire aussi justement que c'est une comparaison développée dont l'un des termes est sous-entendu. Au fond, l'allégorie n'est qu'une suite de rapports entre une idée qu'on ne veut pas ou qu'on ne peut pas exprimer directement et un ou plusieurs objets extérieurs. Elle a pour causes deux des sentiments les plus énergiques de notre nature, d'une part, l'amour du mystérieux, qui n'est, à proprement parler, qu'une des formes sous lesquelles se traduit l'aspiration incessante de l'homme vers l'infini, d'autre part, le besoin que nous éprouvons de nous représenter l'invisible, de toucher l'insaisissable, de repaître notre imagination de formes sensibles, faute de pouvoir nourrir notre esprit d'idées pures. Sous le nom de symbole ou de mystère, elle remplit les religions; sous le nom de parabole ou d'apologue, elle semble être, en Orient surtout, la forme traditionnelle et consacrée des enseignements donnés à l'homme par la sagesse divine et par la sagesse humaine; sous son nom véritable d'allégorie, elle sert de masque aux satiriques les plus hardis et d'expression aux mystiques de tous les ordres, de tous les temps et de tous les pays. Elle se montre également dans l'antiquité, dans le moyen âge et dans les temps modernes : comme satire morale ou sociale, dans Apulée, dans le *Roman de la Rose,* dans Rabelais; comme interprète du mysticisme, soit philosophique, soit religieux, dans Platon, dans les Pères de l'Eglise, dans Sainte Thérèse. Chez les satiriques, elle enveloppe d'un voile transparent une pensée qui n'ose se montrer nue; chez les mystiques, elle donne une expression, et, pour ainsi dire, un corps aux ineffables ravissements de l'âme. En tant que forme poétique, ingénieuse ou profonde, elle ouvre la littérature antique avec Hésiode et Homère, la littérature moderne avec Dante. Elle est enfin de toutes les époques, mais spécialement et nécessairement de celles où règne la théocratie, et avec la théocratie le despotisme des castes, le plus funeste de tous à la liberté de l'esprit humain. Il suit de là que dans les siècles les plus éclairés elle tend à disparaître, au moins de la littérature profane, pour faire place au libre développement de la raison, qui produit les idées dépouillées de tout voile allégorique. Considérée dans son caractère le plus général, l'allégorie n'est donc que la traduction figurée, c'est-à-dire matérielle, de l'idée, et, par une conséquence nécessaire, un amoindrissement de l'intelligence ou de la raison au profit de l'imagination. Elle n'en est pas moins un merveilleux instrument d'expression entre les mains du poète et surtout de l'artiste, soit peintre, soit sculpteur, qui sans elle ne pourrait pas ou pourrait très-difficilement rendre certaines idées abstraites, ou même certaines passions et certains sentiments. Dans ce sens, elle est pour la peinture et la sculpture une ressource, dangereuse il est vrai, mais inépuisable, car elle tient à l'une des impérissables facultés de notre âme.

Je crois pouvoir ranger parmi les figures dérivées de l'imagination ou de la couleur ce procédé de l'esprit qu'on nomme la *Description*, et qui se traduit dans le style par des effets pittoresques, c'est-à-dire par des images.

Elle appartient en propre à tout écrivain qui raconte, poète épique, historien ou romancier. Elle s'applique aux hommes et aux choses. On ne peut pas concevoir les faits sans les hommes, et les hommes sans un milieu où ils vivent et agissent. Réels ou fictifs, les personnages qu'on nous montre et les actes qu'on leur prête ont besoin d'être posés, d'avoir un lieu, de se mouvoir dans la nature. Vous aurez beau me dire qu'Ulysse a couru tels dangers, a été le héros de telles aventures, qu'il a lutté, ici contre les hommes, là contre les éléments ; si vous ne me décrivez pas ces hommes avec leurs caractères, ces éléments avec leurs accidents, je ne m'intéresserai pas ou ne m'intéresserai que médiocrement à toutes ces péripéties, parce que mon imagination ne sera pas saisie, parce que je ne les verrai pas. Le drame peut se passer de la description; il y supplée à l'aide de la peinture et de l'architecture; ses descriptions sont des décors et des costumes. Le récit au contraire est obligé de remplacer par des mots, par des phrases, par toutes les ressources du style pittoresque, ces moyens extérieurs qui lui manquent. Le narrateur doit se suffire à lui-même. Il faut donc qu'il peigne l'homme dans la nature, et la nature en même temps que l'homme, puisque l'un ne vit pas sans l'autre. Telle est la légitimité de la description. Hors de là, comme il n'y a plus nécessité, ni même utilité à décrire, la description cesse d'être légitime. Aussi, une fois cette limite franchie, aboutit-elle à tous les excès. Elle commence par oublier l'homme, qu'elle ne devrait jamais perdre de vue, et finit par n'avoir plus d'autre but qu'elle-même. Elle empiète alors sur le domaine de la peinture; mais ne pouvant lutter avantageusement avec des armes qui ne sont pas les siennes, elle ne réussit qu'à faire éclater à tous les yeux la supériorité de sa rivale.

C'est ce qui arrive aux époques de décadence, où l'on décrit pour décrire, où la description remplit des poèmes entiers, frivole amusement d'esprits blasés, dernière expression possible de littératures vieillies.

Il y a toutefois, en dehors du récit, certaines circonstances où la description remplit un rôle nécessaire : c'est dans le poème didactique proprement dit, qu'il faut bien se garder de confondre avec le poème descriptif; c'est dans les *OEuvres et les Jours*, dans le *Poème de la Nature*, dans les *Géorgiques*. Dans ces sortes d'ouvrages la description est la forme presque obligée de la définition. A tout le moins elle lui vient en aide pour délasser l'esprit du lecteur comme celui du poète, pour rajeunir et ranimer par la couleur ce que la définition philosophique ou didactique aurait de trop froid, de trop prosaïque et de trop sec. L'imagination intervient alors, forte de son droit, et se borne elle-même afin de rester légitime.

Cependant la description n'est jamais qu'une définition superficielle; elle peint la forme extérieure, elle ne fait pas toucher le fond. Aussi, appliquée aux idées, semble-t-elle le privilége ou plutôt le caractère des esprits sceptiques. Ils promènent leur imagination sur la surface toujours mobile et changeante des choses, croyant définir, quand ils décrivent, croyant avoir compris, quand ils n'ont fait que voir. On en trouverait au besoin la preuve en lisant Montaigne, l'écrivain pittoresque et descriptif par excellence, et en général tous ceux qui dans le style recherchent exclusivement la couleur. Ils sont les jouets de leur imagination, prennent habituellement des apparences pour des réalités, et concluent sans cesse de l'instabilité des phénomènes à l'impossibilité pour l'homme de saisir le vrai, c'est-à-dire l'idéal, l'éternel, l'immuable. D'ailleurs la description n'étend véritablement son empire qu'aux époques de septicisme, à la fin des sociétés et des littératures.

Voilà, me dira-t-on peut-être, bien de la philosophie à propos d'une simple forme de style. Oui, sans doute, si les formes n'étaient pas l'enveloppe extérieure des idées, et les idées la représentation de ce qui est. On ne peut donc négliger le fond, quand on s'occupe sérieusement de la forme, ou l'idée, quand on parle du style. Il ne faut pas non plus oublier l'histoire. Or, la description a son histoire, qui ne manque ni d'enseignement ni d'intérêt.

Aux beaux temps de la littérature ancienne, la description se renferme généralement dans des limites précises. Le poète décrit ce qu'il voit, en vue, non de sa personne, mais de ses personnages. Il semble n'avoir qu'un but, c'est de rendre visible à nos yeux le tableau qu'il trace à notre imagination. Il n'invente pas les objets qu'il peint, il se contente de bien décrire ceux qu'il a vus. Point de couleurs vagues ou fausses : il vit dans la nature et la connaît; point de longueurs ou d'énumérations minutieuses; il sait que la description a pour objet principal l'homme et non pas la nature. Aussi les descriptions d'Homère et de Virgile sont-elles encore vraies aujourd'hui comme au jour où ils écrivaient (1).

Il n'en est pas tout à fait ainsi chez les modernes. La description, depuis la Renaissance, a rarement pris, soit en France, soit chez les autres nations de l'Europe, ce caractère de vérité, de précision, de naïveté, qui la distingue chez les Grecs et les

(1) Voyez, à ce sujet, un remarquable travail de M. Victor de Laprade : *Du sentiment de la nature dans la poésie d'Homère.*

Romains. Elle a tourné trop souvent à l'exagération ou au lieu-commun. L'imitation de l'antiquité, excellente quand il s'agissait de reproduire la pensée morale et l'observation générale des caractères humains, ou même de s'approprier des formes de langage et des beautés de style, perdait tous ses avantages dès qu'il s'agissait de peindre directement la nature. On se laissait entraîner par l'admiration et l'habitude, et l'on décrivait d'après les livres bien plus que d'après les choses. Ce n'est qu'à la fin du XVIIIe siècle et au commencement du XIXe que la description s'est renouvelée en France. Elle est devenue originale, de banale qu'elle était, et tout d'abord elle s'est franchement séparée de la description antique en retraçant la réalité moderne avec le sentiment moderne. On s'est attaché à peindre les objets extérieurs, non plus pour servir seulement de cadre à l'action, comme aux belles époques, ou simplement pour les décrire, comme aux périodes de décadence, mais pour exprimer le sentiment qu'ils font naître dans l'âme du poète. Une sorte de panthéisme littéraire, sinon pleinement dogmatique, s'est répandu partout, chez ceux même que leurs opinions ou leurs croyances semblaient devoir en écarter, et s'est traduit dans le style par des descriptions où la nature est sans cesse transfigurée, c'est-à-dire interprétée par les impressions personnelles de l'écrivain. Placé en face de la mystérieuse déesse, le poète a voulu lui arracher ses secrets, lui faire dire quelquefois ce qu'elle ne veut pas, ce qu'elle ne peut pas dire. S'il est sorti de ces dispositions et de ces tentatives un certain nombre de créations originales, trop souvent elles ont produit pour unique résultat un vrai matérialisme de style. Il est arrivé pour la description ce qui avait lieu pour la métaphore. On a recherché la couleur à tout prix, et, ne pouvant saisir les idées, on s'en est tenu grossièrement aux choses. Il y a en effet certaines limites qu'on ne franchit pas impunément, et il n'est pas plus possible au poète de faire uniquement de la peinture ou de la sculpture, qu'il n'est possible au peintre ou au sculpteur d'exprimer ce qui est du seul domaine de la parole.

La *Périphrase* n'est qu'une courte description. Si

elle est la triste ressource des époques d'abaissement littéraire et des esprits médiocres, qu'effraie le mot propre, parce qu'ils n'ont ni l'inspiration qui l'ennoblit, ni l'énergie de sentiment qui lui donne sa vigueur, elle appartient aussi aux époques primitives et à certains genres dont elle relève l'inévitable prosaïsme.

Dans Homère, dans Hésiode, et en général chez les poëtes des premiers âges, elle apparaît comme un ornement nécessaire, le plus souvent sous la forme de ces épithètes composées, de ces adjectifs pittoresques qui s'attachent à l'objet, à la personne, au nom commun ou au nom propre, et semblent faire corps avec lui. Les exemples en sont trop connus pour que je les cite. Si l'on remonte plus haut encore, on peut conclure par analogie, malgré l'absence des documents, que la périphrase a dû être, au début de toutes les littératures, et surtout à l'origine des sociétés, l'un des éléments les plus essentiels du style. En effet, dans les âges primitifs la poésie embrasse toutes les manifestations de l'intelligence humaine; elle sert d'interprète à la religion, à la morale, à la science, comme à l'histoire, ou plutôt à la tradition naturelle et surnaturelle. S'appliquant presque toujours à un fond vulgaire, ou réel, ou scientifique, elle a dû se réfugier dans l'expression ou dans le style. Or, l'expression poétique, à ces époques de naïveté, de rudesse et d'ignorance, se borne à la couleur pour unique parure; et comme d'ailleurs les procédés de l'art y sont extrêmement rudimentaires, on s'y contente facilement de la couleur la plus rudimentaire. On lie au nom abstrait, au nom de la personne ou de la chose, un attribut, simple ou composé, ou une courte phrase descriptive, et sur un fond tout vulgaire on étend la périphase comme un voile. Ce procédé se retrouve aux époques déjà littéraires, toutes les fois que le poète ne traite qu'une matière scientifique, c'est-à-dire aride et prosaïque. Il est celui de Lucrèce ; il a dû être celui de tous les philosophes qui ont écrit en vers l'exposé de leurs systèmes, Xénophane, Parménide, Empédocle et tous les autres. Les raisonnements philosophiques se prêtent mal aux exigences de la poésie, et l'imagination ne trouve guère son compte dans l'enchaînement régulier des arguments. Que fait alors le poète qui veut rester philosophe, le philosophe qui veut être poète? Au lieu du mot simple et nu, il donne la description abrégée ou partielle de la chose ou de l'idée que le mot représente; il sème son style, forcément philosophique et souvent abstrait jusqu'à la sécheresse, de ces courts tableaux qui ne ramènent pas seulement l'imagination dans ses voies naturelles, mais impriment encore à toute la diction du poète un caractère singulier de majesté et de grandeur, parfois même de grâce et de charme. Lucrèce est rempli d'expressions comme celles-ci: *Novitas florida mundi*, *Dux vitæ dia voluptas*, *Montivagum genus*, etc. On le voit donc, la périphrase n'est pas moins à l'usage des grands écrivains que des petits, et le rôle malheureux qu'elle joue à certaines époques littéraires ne l'empêche pas de remplir une place quelquefois nécessaire dans l'œuvre du poète.

Telles sont les principales figures qui se rapportent à la couleur; je passe à celles qui se rapportent spécialement au dessin.

CHAPITRE V.

DES FIGURES QUI SE RAPPORTENT AU DESSIN.

La première chose à considérer dans le style, au point de vue du dessin, c'est la *phrase*.

Une phrase est la réunion de deux ou de plusieurs propositions. Toute proposition isolée n'est qu'une ligne, incompatible avec l'idée que nous nous formons d'un dessin quelconque. Il péut s'y trouver de l'harmonie, de la couleur, du mouvement ; du dessin, il n'y en a pas, il ne peut pas y en avoir. Une ligne unique, de quelque façon qu'on l'envisage, ne sera jamais qu'une ligne. Il faut qu'il y ait plusieurs propositions réunies, c'est-à-dire plusieurs lignes, pour que le dessin soit possible, et le dessin est possible dès qu'il y a plusieurs propositions, et par conséquent plusieurs lignes.

La phrase est donc, à proprement parler, la première figure de dessin, puisque, étant composée de lignes distinctes, elle présente nécessairement certaines inflexions et devient susceptible de certaines combinaisons qui en modifient la forme. Ainsi considérée dans son ensemble, elle comporte une infinité de degrés et de nuances qui répondent à l'infinie mobilité de la pensée; mais si simple, si vague même qu'on en suppose le dessin, il est toujours une forme, c'est-à-dire une figure. Si l'on n'applique pas ce terme de figure à la phrase prise en elle-même, toutes les fois qu'elle n'offre pas certaines divisions symétriques qui tiennent à des procédés déterminés de style, c'est qu'en dehors de ces divisions ou de ces procédés elle n'a rien de fixe, rien d'assuré, rien de vraiment appréciable. On a donc eu raison de réserver ce nom à des formes, variables sans doute aussi dans l'application, mais faciles à ramener à des lois précises, à des principes qui au fond ne changent pas.

Ces lois qui règlent la phrase, ces principes sur lesquels elle se fonde, ces figures enfin qui se rapportent au dessin me semblent être au nombre de deux principales, l'*Énumération* et l'*Antithèse*, auxquelles il faut joindre la *Répétition* et l'*Ellipse*, figures secondaires qui tantôt s'excluent et tantôt s'unissent, mais dont l'une ou l'autre est ordinairement attachée, comme moyen d'exécution, à l'énumération et à l'antithèse. Je me hâte d'ajouter, pour éviter toute obscurité, que je prends l'antithèse dans le sens le plus général du mot, celui d'opposition, de symétrie, qu'indique au reste l'étymologie.

Quelle que soit une phrase, elle est toujours composée d'autant de parties qu'il y a de propositions. Si ces propositions ou parties se suivent sans ordre, sans mesure, sans lien autre que celui des idées, si les lignes se coupent, se croisent, s'enlacent au hasard, il y aura une forme sans doute, puisqu'il y aura une phrase ; mais pour peu que la phrase soit longue, cette forme sera vague, confuse, incohérente, indéterminée ; il n'y aura pas de dessin, il n'y aura pas de figure, il n'y aura pas, à vraiment parler, de style. L'art ne commence qu'où il y a ordre, enchaînement, symétrie, et avec l'art commence le dessin, qui n'est, comme nous l'avons vu, qu'une combinaison de lignes.

Le dessin porte sur les propositions et sur les groupes de propositions; il peut embrasser même une série de phrases entières, surtout dans la poésie lyrique, où il agit, non-seulement sur chaque strophe isolée, mais quelquefois sur toutes les strophes qui composent une ode, et dans le genre oratoire, où plusieurs périodes s'enchaînent souvent dans un même ensemble de lignes et de contours. Or, en fait de style, de quelque façon qu'on s'y prenne, on ne peut imaginer que deux procédés généraux pour arriver au dessin par la combinaison harmonieuse des lignes: ou les lignes sont simplement juxta-posées et se suivent dans le même ordre, souvent dans les mêmes proportions, ou elles sont opposées les unes aux autres dans un entrelacement symétrique et régulier. Dans le premier cas, il y a énumération; dans le second cas, il y a antithèse.

Je dois ici, pour être clair, recourir à des exemples. J'en choisis deux, le premier dans La Bruyère, le second dans Massillon.

Exemple d'énumération :

« Phédon a les yeux creux, le teint échauffé, le corps sec et le visage maigre : il dort peu et d'un sommeil fort léger; il est abstrait, rêveur, et il a, avec de l'esprit, l'air d'un stupide : il oublie de dire ce qu'il sait, ou de parler d'évènements qui lui sont connus, et s'il le fait quelquefois, il s'en tire mal; il croit peser à ceux à qui il parle; il conte brièvement, mais froidement; il ne se fait pas écouter, il ne fait point rire; il applaudit, il sourit à ce que les autres lui disent, il est de leur avis, il court, il vole pour leur rendre de petits services : il est complaisant, flatteur, empressé; il est mystérieux sur ses affaires, quelquefois menteur; il est superstitieux, scrupuleux, timide; il marche doucement et légèrement, il semble craindre de fouler la terre; il marche les yeux baissés, et il n'ose les lever sur ceux qui passent. »

Toutes ces propositions se suivent, sans qu'il y ait entr'elles opposition ou symétrie; la répétition s'y fait sentir par le retour constant du même sujet et du même mouvement.

Exemple d'antithèse :

« La prière n'est pas un don particulier réservé à certaines âmes privilégiées; c'est un devoir commun imposé à tout fidèle :

ce n'est pas seulement une vertu de perfection et réservée à certaines âmes plus pures et plus saintes : c'est une vertu indispensable, comme la charité; nécessaire aux parfaits, comme aux imparfaits; à la portée des savants, comme des ignorants; ordonnée aux simples, comme aux plus éclairés : c'est la vertu de tous les hommes; c'est la science de tout fidèle; c'est la perfection de toute créature. Tout ce qui a un cœur et qui peut aimer l'auteur de son être; tout ce qui a une raison capable de connaître le néant de la créature et la grandeur de Dieu, doit savoir l'adorer, lui rendre grâces, recourir à lui; l'apaiser, lorsqu'il est irrité; l'appeler, lorsqu'il est éloigné; le remercier, lorsqu'il favorise; s'humilier, lorsqu'il frappe; lui exposer ses besoins, ou lui demander ses grâces. »

On voit dans cette phrase, où l'énumération se joint à l'antithèse, où la répétition et l'ellipse se montrent tour à tour, que les deux procédés, que les deux formes peuvent se combiner, et elles se combinent en effet très-souvent; c'est même de leurs mélanges variés et habilement ménagés que naît cette merveilleuse souplesse de style qui caractérise les grands écrivains. L'art véritable consiste à ne pas plus abuser du dessin que de la couleur, de l'énumération et de l'antithèse que de la métaphore et de la description.

Si l'on consulte sur ce point l'histoire de notre

littérature, on arrive à des résultats intéressants et significatifs.

Jusqu'à l'avènement de Ronsard et de son école, on se sert principalement de l'énumération, forme facile et toute primitive, il est vrai, qui n'exige pas beaucoup de science, de réflexion, ni d'art peut-être, mais qui est à coup sûr un commencement d'art. Villon semble l'aimer tout particulièrement. En voici un exemple bien connu :

Je congnoys bien mouches en lait,
Je congnoys à la robe l'homme,
Je congnoys le beau temps du laid,
Je congnoys au pommier la pomme,
Je congnoys l'arbre à veoir la gomme,
Je congnoys quand tout est de mesmes,
Je congnoys qui besongne ou chomme,
Je congnoys tout, fors que moy-mesmes.

Marot aime aussi l'énumération, mais il y met un peu plus de façon et la complique déjà d'antithèse, ou, si on l'aime mieux, de symétrie. Toutefois l'antithèse n'a pas encore chez lui ce caractère prononcé d'opposition entre les idées, en même temps que d'opposition symétrique, qu'elle va prendre plus tard. On en jugera par les vers suivants, tirés de l'Épître à son ami Lyon :

Je ne t'escry de l'amour vaine et folle ;
Tu voys assez s'elle sert ou affolle.
Je ne t'escry ne d'armes, ne de guerre ;
Tu voys qui peult bien ou mal y acquerre.
Je ne t'escry de fortune puissante ;
Tu vois assez s'elle est ferme ou glissante.
Je ne t'escry d'abus trop abusant,
Tu en sçais prou, et si n'en vas usant.
Je ne t'escry de Dieu, ne sa puissance ;
C'est à lui seul t'en donner congnoissance.

Si l'on passe des vers à la prose, on aura lieu de faire à peu près les mêmes observations. Avant le XVIe siècle, on rencontre peu d'énumérations caractérisées et encore moins d'antithèses. Cela se conçoit, vu l'état de la langue et le genre simplement narratif qu'ont adopté nos vieux chroniqueurs. Rabelais, qui est antérieur à Ronsard, use bien moins aussi de l'antithèse que de l'énumération ; mais celle-ci lui plaît et l'attire, et il la manie avec une habileté supérieure, s'en servant à tous propos pour épancher plus à l'aise sa verve bouffonne et intarissable. L'antithèse apparaît, déjà fréquente et recherchée, dans la prose de Du Bellay, le hérault de la nouvelle école; elle est dans Montaigne, qui l'emploie avec sobriété, étant moins porté à dessiner qu'à peindre; elle est surtout dans la *Satire Ménippée*, où elle donne du relief à la pensée et du mordant à l'ironie.

Quant à la poésie, c'est Ronsard et Du Bellay qui, avec pompe et fracas, y introduisent l'antithèse, destinée à fleurir pendant toute cette seconde moitié du XVIe siècle. Ce n'est pas qu'on néglige pour cela l'énumération; les deux figures au contraire se prêtent un mutuel appui et aboutissent souvent de concert à cet inévitable résultat de tout procédé de style trop uniformément employé: la puérilité et la monotonie. Je ne citerai pour exemple qu'un sonnet de Du Bellay, où les deux formes se trouvent mêlées :

J'ayme la liberté, et languis en service;
Je n'ayme pas la court, et me fault courtiser;
Je n'ayme la feintise, et me fault déguiser;
J'ayme simplicité, et n'apprens que malice;

Je n'adore les biens, et sers à l'avarice;
Je n'ayme les honneurs, et me les fault priser;

Je veulx garder ma foy, et me la fault briser ;
Je cherche la vertu, et ne trouve que vice ;

Je cherche le repos, et trouver ne le puis ;
J'embrasse le plaisir, et n'éprouve qu'ennuis ;
Je n'ayme à discourir, en raison je me fonde ;

J'ay le corps maladif, et me fault voyager ;
Je suis né pour la Muse, on me fait mesnager
Ne suis-je pas, Morel, le plus chétif du monde ?

A partir de Malherbe, l'énumération et l'antithèse ne se montrent plus qu'avec mesure, et ce n'est pas un des moindres caractères de la réforme introduite dans la langue et dans le style par ce père de notre poésie classique. Ces deux figures, si fréquentes, si développées, et parfois si excessives chez ses prédécesseurs, s'atténuent chez Malherbe et ses disciples, et réduites enfin, comme la Muse, aux règles du devoir, ornent le style sans le surcharger. Plus variées dans leurs combinaisons, parce qu'elles sont moins prodiguées, elles ne tiennent dans la prose et dans la poésie que la place nécessaire à la précision, à la netteté, à la grâce du dessin. Ce n'est pas qu'on ne voie jamais ces formes employées, même sous leur aspect le plus saillant, dans les bons écrivains du XVIIe siècle, ces maîtres du style français. L'antithèse est dans Corneille, parce que Corneille est un penseur vigoureux, qui aime à mettre les idées en relief par le contraste; l'énumération est dans Bossuet, à côté de l'antithèse, parce que Bossuet trouve naturellement pour encadrer son idée le dessin le plus riche et le plus ample, comme il rencontre immanquablement l'image la plus saisissante et la plus vraie. Ces deux figures enfin sont partout au XVIIe siècle et au XVIIIe, mais contenues dans de justes bornes, se dérobant le plus souvent sous les formes assouplies du style, se diversifiant en mille manières pour enfermer la pensée dans des lignes fortes, élégantes, harmonieuses, et ne s'étalant jamais dans la phrase avec cet orgueil ambitieux qui ne gâte pas moins les beaux talents que les beaux caractères. La Bruyère est peut-être le seul des grands écrivains du siècle de Louis XIV qui use habituellement, et comme de parti pris, de l'énumération et de l'antithèse, surtout de la première, parce que, étant moraliste, et par conséquent un peu satirique, il est nécessairement descriptif.

Aussi, malgré les éminentes qualités de son style, accuse-t-il déjà une sorte de décadence. Que si l'on trouve ce mot trop dur, quand il s'agit de La Bruyère, je me contenterai de dire qu'en outrant certains procédés de style, il annonce tout un côté du XVIIIe siècle, où domine la recherche et presque l'affectation du trait spirituel et incisif.

On remarquera toutefois que la poésie légère, ou amoureuse, ou railleuse, ou simplement badine, a, de tout temps, admis l'énumération comme un de ses plus ingénieux moyens, ou, si l'on préfère, de ses plus aimables priviléges. On la trouve dans Anacréon et dans Catulle, dans Pulci et dans Voltaire, en Espagne et en Angleterre aussi bien qu'en France et en Italie. C'est un procédé facile sans doute, mais utile, parce qu'il est naturel et donne à la plaisanterie je ne sais quoi de libre, de dégagé et de vif, que d'autres formes ne lui donneraient pas au même degré.

Au XIXe siècle, l'énumération et l'antithèse refleurissent en même temps que la métaphore et la description, et pour les mêmes causes. Notre époque est lyrique, elle s'en fait gloire à juste titre; j'ajoute qu'elle est oratoire. Nous chantons volontiers, et parfois même, croyant chanter, nous déclamons. Or, l'énumération et l'antithèse s'arrangent merveilleusement de cette double disposition, qui au fond peut-être n'en est qu'une. La personnalité du poète lyrique et celle de l'orateur se touchent par plus d'un point. Elles se traduisent facilement l'une et l'autre par de pompeuses énumérations ou d'énergiques antithèses. La passion du premier s'évapore en strophes, celle du second en périodes; mais tous les deux aiment également, et par une même loi naturelle, les combinaisons symétriques, les oppositions, les contrastes, comme aussi les accumulations prolongées, les répétitions de mots, de formes et de tours, toutes choses qui se présentent d'elles-mêmes au poète et à l'orateur, quand l'inspiration les emporte, et qui ne cessent d'être légitimes qu'en devenant abusives. C'est donc parce que notre littérature contemporaine tourne de tous côtés au lyrisme et à l'éloquence, souvent déclamatoire, que nous avons à signaler la résurrection de l'énumération et de l'antithèse, non plus comme éléments généraux du dessin, mais comme formes exclusives et dominantes.

En cela et en d'autres choses, hélas! nous nous rapprochons de cette période de la littérature romaine qui suit immédiatement le siècle d'Auguste. Cicéron et Tite-Live, Horace et Virgile avaient employé ces deux figures avec discrétion et bon goût; ils avaient tantôt largement, tantôt délicatement dessiné les contours de leur style; ils n'avaient négligé aucun des ornements simples et naturels; mais ils n'avaient abusé d'aucun. Avec Sénèque, Pline et Tacite, avec Lucain, Perse et Juvénal, l'énumération et l'antithèse, plus encore celle-ci que l'autre, entrent de toutes parts dans le style et en pénètrent tout le mécanisme. Au lieu de se fondre harmonieusement dans le cadre de la phrase, elles se détachent, se redressent, s'enflent, prennent des reliefs vigoureux et d'âpres contours. Que l'esprit s'y joue avec finesse ou que la passion s'y remue, partout il y a des pointes et des angles, et le dessin y éclate aux yeux comme la couleur. C'est encore de la beauté; mais c'est le dernier effort de la beauté, et par conséquent une beauté déjà moindre. Cette époque aussi, à certains égards, est lyrique comme la nôtre; toutefois elle l'est à sa manière, qui n'est pas la nôtre. Notre lyrisme moderne est élégiaque; le lyrisme de la décadence latine est satirique; mais si l'on y regardait de bien près, on trouverait, je le crois, quelque peu d'élégie dans la satire latine et beaucoup de satire dans notre élégie.

Ainsi l'exagération, quelquefois heureuse, il faut le dire, quoique toujours dangereuse, des figures de dessin est un des caractères les plus saillants de notre littérature contemporaine (1). Il en est sorti de brillants effets, des traits hardis, des contours amples et flexibles, des phrases enfin d'une élégante ou énergique structure; mais après ces audacieuses constructions entremêlées de caprices et de fantaisies, après ces tentatives qui ont tendu tous les ressorts du style et en ont comme épuisé toutes les ressources, que reste-t-il à faire? Rien sans doute, sinon de revenir à la simplicité, au na-

(1) L'Espagne a subi sur ce point notre influence; elle y était au reste préparée par son génie, ses traditions et le caractère de sa langue.

turel, au sage emploi de toutes les richesses, soit de la couleur, soit du dessin... si toutefois cela se peut encore.

J'ai peu parlé de la répétition et de l'ellipse. Ce sont choses qui se comprennent de soi. Si l'on voulait cependant les définir par leur caractère moral, on pourrait dire que la répétition convient mieux à la pensée ou à la passion qui se déploie, et l'ellipse à la pensée ou à la passion qui se concentre, la première plus naïve, la seconde plus réfléchie, toutes deux au reste variables suivant les genres et les écrivains, comme les deux figures principales dont elles sont les indispensables auxiliaires.

Il serait certainement possible d'apprécier, au moins jusqu'à un certain point, la nature et le caractère de quelques écrivains célèbres, de toutes les époques et de toutes les nations, par la prédilection qu'ils montrent pour l'emploi de certaines formes de dessin et l'usage plus ou moins judicieux qu'ils en font. Si le son et la couleur sont en rapport avec les qualités essentielles ou accidentelles de notre être, le dessin ne l'est pas moins, puisqu'il donne aux contours de notre style le même degré de précision et d'harmonie que les idées ont dans notre esprit.

Il doit exister aussi une relation, mais inappréciable, entre nos facultés, nos sentiments, nos goûts, et les nombres appliqués à ces figures de dessin. Ainsi, dans l'énumération et la symétrie antithétique des parties, les uns procèdent par deux, d'autres par trois, d'autres par quatre; et quelque attention qu'on mette à éviter la monotonie qui résulte du retour fréquent des mêmes nombres, l'habitude ou le penchant l'emporte, et l'on revient presque fatalement à ces combinaisons particulières où le choix raisonné n'entre évidemment que pour une assez faible part. Le fait existe et je me contente de l'indiquer, quelle qu'en soit d'ailleurs la cause, n'ayant pas la prétention de trouver des formules rigoureuses pour des choses qu'on peut seulement pressentir.

De tout ce qui vient d'être dit, il suit que l'énumération et l'antithèse sont en germe au fond de tout style, ici tellement enveloppées qu'elles sont invisibles ou à peine visibles, là au contraire grossies, amplifiées, surabondantes, éclatantes, et presque brutales, ailleurs enfin, ou habilement dissimulées dans le tissu de la phrase, ou harmonieusement fondues dans une merveilleuse variété de lignes.

Mais le dessin ne s'applique pas seulement à chaque phrase ou à chaque groupe de phrases; il embrasse encore le plan général d'une œuvre, comme l'architecture embrasse dans ses lignes d'ensemble toutes les lignes de détail qui concourent à former l'édifice. On pourrait donc trouver quelque chose d'analogue à l'énumération et à l'antithèse dans la disposition, soit simplement successive, soit parallèlement symétrique, des différentes parties de l'œuvre. Et qu'on ne s'y méprenne pas, cela touche au style, le plan d'une composition quelconque et le dessin particulier de ses plus minutieux détails n'étant, comme le style lui-même, que le développement extérieur de la personnalité de l'auteur, quel qu'il soit, ou écrivain, ou artiste. Il importe donc beaucoup, pour que les lignes du style soient pures et correctes, que les lignes générales de la composition soient exactes et précises. La largeur de la composition appelle la largeur du style, et je croirai difficilement à une harmonie supérieure dans le dessin de la phrase, toutes les fois que le plan de l'ensemble sera faux, confus, exagéré ou mesquin.

CHAPITRE VI.

DES FIGURES QUI SE RAPPORTENT AU MOUVEMENT.

Parmi les figures qui se rapportent au mouvement, ou aux passions, on peut distinguer deux classes.

Les unes, comme l'*interrogation*, l'*apostrophe*, l'*exclamation*, l'*imprécation*, etc., donnent à la phrase une inflexion particulière qui se retrouve la même à peu près dans tous les cas. Ce sont des attitudes, ou plutôt des gestes, qui modifient dans un certain sens les lignes générales de la phrase, sans les altérer ou les changer, des mouvements qui se combinent naturellement, sous l'action des émotions intérieures, avec la couleur et le dessin du style, comme nos mouvements se combinent avec la couleur et le dessin de nos corps. Ces sortes de figures sont faciles à reconnaître et à définir, car elles ne sont que l'expression de nos mouvements les plus naturels, les plus simples, les plus ordinaires, et elles sont représentées dans toutes les langues par un certain nombre de termes spéciaux. Elles varient seulement d'énergie et de force suivant le degré de l'affection qui les produit. Il est donc inutile que j'insiste; je n'aurais rien à en dire qui en valût la peine. Je n'ai pas davantage à m'occuper de la *prétermission*, de la *correction* et des autres figures du même genre, qui sont, à proprement parler, des formes de raisonnement bien plutôt que des figures de style.

Les autres figures qui se rapportent au mouvement, l'*Hypotypose*, la *Prosopopée*, l'*Hyperbole*, l'*Ironie*, sont d'un caractère tout différent. Celles-là n'ont ni termes appropriés ni formules particulières. Elles se cachent dans le style et l'animent intérieurement. Elles coulent du fond même de l'âme, remuée par la passion, et communiquent à la parole ou la douce chaleur de l'amour ou les sombres ardeurs de la haine. Leurs mouvements variés se prêtent également à l'expression de la pitié et de la colère, de la douleur et de la joie. Tandis que les figures de la première classe se lient plutôt au dessin, celles de la seconde classe sont dans un rapport plus direct et plus frappant avec la couleur, surtout l'hypotypose, la prosopopée et l'hyperbole, l'ironie ayant un caractère propre qui la distingue des trois autres.

L'*Hypotypose* n'est qu'une description animée par la passion ou le sentiment. Elle ne se contente pas de peindre les objets, de les faire saillir aux yeux avec toutes leurs couleurs et leurs lignes; elle y ajoute ce que le sentiment seul peut y mettre, la vie. Elle est donc avant tout personnelle, puisqu'elle résulte du sentiment intérieur de l'écrivain ou de l'orateur. En ce sens on pourrait dire qu'il s'est fait dans notre temps beaucoup d'hypotyposes, non-seulement dans les genres où les anciens ont admis cette figure comme l'un des éléments du style, mais dans ce genre descriptif qui ne semblait pas devoir la comporter. Ce que j'ai dit plus haut du caractère de la description au XIXe siècle me dispense d'appuyer sur ce point. L'hypotypose au reste n'appartient spécialement à aucun genre, bien qu'elle convienne mieux à certains genres. Partout où l'écrivain, ému de haine ou d'amour, peint ce qu'il sent relativement aux hommes et aux choses, partout où le poète, s'identifiant avec ses personnages, fait parler leurs sentiments et leurs passions, l'hypotypose trouve sa place naturelle et son emploi légitime. Pour me borner à un exemple, le récit tant cité et tant critiqué de Théramène, dans *la Phèdre* de Racine, est une hypotypose. Ainsi envisagé, il est bien plus dramatique qu'on ne le suppose généralement, et l'on s'en aperçoit au théâtre quand l'acteur sait en tirer tout ce qu'il contient, ou, si l'on aime mieux, en dissimuler les défauts par un débit intelligent, c'est-à-dire naturel et passionné.

La *Prosopopée*, comme l'hypotypose, dérive de l'imagination et y retourne. Dans la douleur ou dans la joie nous sommes portés à évoquer l'image des êtres qui sont loin de nous ou qui ne sont plus, à nous mettre en relation de sentiments avec les animaux, les arbres, les rochers, les fleuves, les montagnes, avec le vent qui souffle, avec le ruisseau qui coule, avec le nuage qui passe; nous faisons assister, non pas seulement les absents et les morts, mais la nature tout entière au spectacle de nos agitations, de nos souffrances, de nos désespoirs, comme aussi des sensations d'un autre ordre que nous éprouvons, pourvu qu'elles soient vives et profondes. A tous ces êtres insensibles et muets nous prêtons nos émotions et nos paroles, repaissant notre âme troublée de ces fantômes que l'imagination fait éclore à nos yeux, et auxquelles la passion, qui les excite et les provoque, imprime le mouvement, la chaleur et presque la réalité de la vie. Cette figure est rare dans le style, et elle doit l'être. Elle aboutit bien vite à la déclamation et à l'emphase. Si la sobriété et la réserve sont nécessaires quelque part, c'est dans l'emploi de ces figures violentes, qui manquent inévitablement leur effet, pour peu qu'elles soient fréquentes ou mal mesurées. La première condition d'ailleurs pour que la prosopopée ne soit ni raide, ni disproportionnée, ni froide, c'est qu'elle soit spontanée. Telle fut, au dire de Rousseau, la prosopopée de Fabricius dans le fameux *Discours sur les Sciences et les Arts*, et rien ne nous empêche de le croire, car il éprouvait alors la plus puissante de toutes les exaltations, celle du génie qui se révèle tout à coup après s'être longtemps ignoré lui-même; telle semble être aussi cette sublime apostrophe de Byron à l'Océan, à la fin de son *Child-Harold*, véritable prosopopée où le poète donne un corps à ses sombres pensées, à ses farouches instincts, à ses aspirations sans but, et embrasse l'infini dans une seule et gigantesque image!

L'*Hyperbole* exagère en bien ou en mal; elle agrandit ou rapetisse les sentiments et les idées, les hommes et les choses. Comme les deux figures dont je viens de parler, elle a surtout l'imagination pour mobile et pour instrument. Aussi est-elle féconde en descriptions et en images de tous les genres. Elle s'unit facilement à toutes les figures de couleur, sa fonction propre étant de frapper vivement nos sens pour arriver plus sûrement à notre esprit. Elle atteint son but lorsque, en frappant fort, elle frappe juste. C'est chose peu commune, et qui semble le privilége des grands poëtes et des grands orateurs, de rester vrai dans l'exagération et d'appliquer heureusement cette puissante faculté de grossir ou de diminuer les objets sans les dénaturer. L'hyperbole triomphe dans l'invective oratoire comme dans la satire. Elle appartient sans doute à toutes nos affections, dès qu'elles prennent une certaine vivacité et une certaine force; mais elle est l'arme particulière du dénigrement et de la verve satirique. La mordante hyperbole de Juvénal, comme l'appelle Boileau, est d'une richesse et d'une fécondité sans pareilles.

La statue de Séjan, la seconde tête de l'univers, est-elle renversée aux applaudissements de la multitude? Le poëte se hâte d'en faire des pots, des bassins, des poêles, des cuvettes, de la vouer aux usages les plus vulgaires et même les plus ignobles, éloquent et vigoureux contraste qui force à réfléchir. Annibal n'est pour lui qu'un général borgne monté sur une bête de Gétulie. C'était bien la peine en effet de franchir les Pyrénées et les Alpes, de parcourir en vainqueur l'Espagne, la Gaule et l'Italie, d'être le plus illustre capitaine de son temps, de faire trembler Rome jusque dans Rome, pour fournir plus tard à un poète satirique un tableau de ce genre et à des adolescents le sujet d'une amplification de rhétorique! Je me contente d'indiquer ces passages qui sont dans toutes les mémoires. Au reste, qu'il s'agisse de rapetisser ou d'amplifier ce qu'il veut flétrir, le poète trouve sous sa plume une image saisissante pour toutes ses railleries, un trait vigoureux et brûlant pour toutes ses colères, et déploie partout, sans jamais se lasser ou s'épuiser, des trésors de force imaginative et d'énergie pittoresque.

Il faut y prendre garde cependant, l'hyperbole la plus belle est toujours voisine d'un défaut. C'est en définitive une disposition maladive qui produit l'exagération dans un sens ou dans l'autre. Elle semble donc appartenir plus spécialement, comme la métaphore et l'antithèse, en tant du moins qu'on en abuse, à certaines époques déjà malades où l'âme, attristée par de sombres spectacles et en butte à des souffrances inconnues aux époques saines de l'histoire, ne reçoit plus de tout ce qui l'entoure que des impressions chagrines, exagérées, excessives, démesurément grossies par je ne sais quelle fatale puissance toujours prête à les transformer dans le style en redoutables hyperboles. Aussi ces beautés, qui au premier abord nous ont vivement frappés, perdent-elles souvent à la réflexion une partie de leur valeur et de leur charme. Le doute nous vient peu à peu, et nous nous demandons enfin si c'est bien la véritable beauté ou si ce n'en est que l'ombre.

L'*Ironie* est de toutes les figures de mouvement celle dont la compréhension est la plus vaste. Pour mieux dire, son empire est universel. Elle règne dans le triple domaine de l'imagination, de la pensée et du sentiment. Elle est l'arme de la passion qui se venge, elle est l'instrument de l'esprit qui se joue; elle proteste avec la raison contre tous les entraînements et tous les excès de l'imagination, et c'est à l'imagination, c'est-à-dire aux figures qui en dépendent, qu'elle emprunte ses moyens les plus actifs et les plus sûrs. Elle n'est souvent qu'une métaphore, ou une comparaison, ou une allégorie, ou une description. Ce n'est pas ce qu'elle montre qu'il faut voir, c'est ce qu'elle dérobe. Elle cache du poison dans les plus doux parfums et un ver dans les plus beaux fruits. Tantôt mordante et amère, elle est la dernière expression de l'indignation, de la colère ou du désespoir; tantôt ferme, pénétrante et acérée, elle est la lumière même de l'intelligence qui perce de mystérieuses ténèbres; tantôt légère, délicate et fine, elle est l'enveloppe gracieuse de la gaieté, et parfois même le vêtement pudique du sentiment qui se voile. Elle sert également à Socrate pour découvrir la vérité et démasquer l'erreur; à Juvénal, pour flageller les turpitudes et les vices de son temps; à Dante, pour exprimer l'amertume de ses déceptions politiques ou de ses patriotiques douleurs; à l'Arioste, pour courir légèrement à travers les innombrables détours de sa fantastique épopée; à Pascal, pour défendre les lois éternelles de la conscience compromises par de dangereuses subtilités; à Voltaire, pour écraser tous les abus, battre en brèche tous les dogmes et satisfaire ses rancunes personnelles. De forme particulière, elle n'en a pas; elle revêt toutes les formes, tant elle a de flexibilité et de souplesse. Ici elle n'a qu'un mot; là elle n'a qu'une phrase; ailleurs elle remplit tout un livre. Elle semble être au fond même du génie de certaines nations, de celles entre toutes dont la littérature a brillé dans l'histoire du monde par la fécondité des idées et l'exquise perfection du style. L'ironie est grecque, elle est romaine, elle est italienne, elle est française; elle est grecque et française par excellence, s'alliant, à Paris comme dans Athènes, à la politesse des manières et à la vigueur pénétrante d'une raison aiguisée. Suivez-la de siècle en siècle sur cette terre de France, qui la produit comme un fruit naturel, et vous la verrez toujours venir en aide à la liberté, quand l'autorité est oppressive, et protester contre la liberté même, dès qu'elle menace de dégénérer en licence. Elle est dangereuse sans doute, parce qu'elle est négative; mais n'essayez pas de la déraciner, car vous arracheriez avec elle les racines de l'esprit français.

Telles sont les principales figures, soit de couleur, soit de dessin, soit de mouvement, les seules, je crois, dont l'art doive réellement tenir compte. Les autres peuvent intéresser une érudition curieuse; mais elles ne sont d'aucune valeur au point de vue du style. Il est une chose pourtant qu'il ne faut pas oublier, c'est que toutes ces figures, à quelque catégorie qu'elles appartiennent, agissent le plus souvent de concert, s'aident, se soutiennent, se fondent les unes dans les autres, et répondent ainsi à l'unité fondamentale de notre nature.

CHAPITRE VII.

DU TON.

J'ai examiné dans les chapitres précédents les principes constitutifs du style : le *son*, qui en est la matière et comme le corps ; la *couleur*, le *dessin*, le *mouvement*, qui en sont les formes extérieures, l'enveloppe, pour ainsi dire, plastique, et la physionomie vivante. Il me reste à en définir un dernier principe, non moins essentiel, mais plus idéal, et qui résulte en partie de l'harmonieux accord de tous les autres : le *ton*.

Le ton en effet n'a rien en soi de matériel, bien

qu'il s'applique à certains éléments matériels. Il dépend du sentiment propre de l'écrivain et du degré d'élévation où se trouvent portées toutes ses facultés au moment de la composition. Il varie aussi suivant les genres, même, à quelques égards, suivant les époques ou le génie des nations. Il monte ou descend, il s'élève ou s'abaisse, dans un même genre et dans un même homme, au souffle mobile de l'inspiration. Et cependant il n'est pas incapable de discipline ; on le dirige, on le modère ; la raison et l'art interviennent pour le modifier dans un sens ou dans l'autre, et plus souvent encore pour le maintenir dans une juste et nécessaire égalité. De cette égalité, non absolue, mais relative, dans le ton résulte l'unité de style dans un même ouvrage, une des grandes règles empruntées par l'art à la nature, et qu'on retrouve dans l'architecture, la peinture, la sculpture et la musique, aussi bien que dans la littérature. La France n'y a guère manqué dans ses beaux siècles, et, sans exclure la variété, a toujours fait un même principe de l'unité de composition et de l'unité de style.

« L'uniformité de style, dit La Fontaine dans sa préface de *Psyché*, est la règle la plus étroite que nous ayons. »

C'est le plus indépendant et le plus insoucieux des poètes du siècle de Louis XIV qui proclame cette loi : elle était donc tenue pour vraie et obligatoire. J'expliquerai bientôt comment il faut l'entendre.

Les Anciens, qui ont tout compris ou deviné de ce qui touche à la beauté de la forme, ont les premiers établi cette règle quand ils ont adopté leur fameuse division du style en trois genres : le *simple*, le *tempéré*, le *sublime*. Cicéron a écrit sur ce sujet de magnifiques pages où tout le génie du grand artiste se révèle. Il a parfaitement vu qu'il y a une échelle de tons que l'écrivain peut monter ou descendre, mais qui doit se ramener à trois termes, deux extrêmes et un moyen. Là toutefois s'arrête, à ce qu'il me semble, la justesse de sa définition. Il est dans le vrai quand il établit la différence des styles, d'où l'on peut conclure logiquement l'unité du style suivant les genres et suivant les sujets ; il est encore dans le vrai quand il réduit ces styles à trois principaux, dont, son point de départ une fois admis, il décrit admirablement certains caractères extérieurs, sans en expliquer assez profondément, je le crois, les caractères intrinsèques. L'erreur des Anciens, et de Cicéron en particulier, s'il m'est permis de me servir d'une telle expression en parlant d'un tel maître, c'est d'avoir employé ces trois mots : simple, tempéré, sublime, pour caractériser les trois genres ; erreur quant à l'ordre dans lequel ces termes sont disposés ; erreur aussi quant à ces termes eux-mêmes, qui ne répondent pas suffisamment aux choses. En général, les anciens rhéteurs ont regardé le dehors plus que le dedans, et, comme les naturalistes d'autrefois, ont fondé leur classification sur des analogies superficielles. Au lieu de partir de l'idée de *forme* et de *couleur*, par où le style touche aux arts plastiques, il fallait partir de l'idée de *ton*, par où le style touche à la musique. Au lieu de faire dépendre uniquement le caractère des trois genres de l'emploi plus ou moins étendu des figures ou de l'emploi spécial de certaines figures, il fallait interroger l'âme elle-même et lui demander le secret de ses rapports avec tous les degrés de l'harmonie musicale.

On distingue dans la musique un ton *majeur* et un ton *mineur*, auxquels il faut joindre un ton *naturel*, qui est le point central, le terme moyen et comme la base des deux autres. Du ton naturel en effet part la double série des tons majeurs et des tons mineurs. Les tons majeurs et les tons mineurs sont donc multiples, et comprennent une infinité de nuances, tandis que le ton naturel, considéré en soi d'une manière absolue, n'en comporte pas (1).

Il me paraît y avoir dans le style, comme dans la musique, un ton naturel, un ton majeur et un ton mineur.

Qu'on veuille bien me passer l'emploi de ces termes que j'emprunte à un autre art pour les appliquer à l'art d'écrire; je n'en saurais trouver de plus clairs ni de plus exacts; et cela ne doit pas surprendre, la musique et le style s'appuyant sur

(1) Voyez le *Dictionnaire de Musique*, par J.-J. Rousseau, au mot *Naturel*. « La signification la plus commune de ce mot, dit-il, s'applique aux tons ou modes dont les sons se tirent de la gamme ordinaire sans aucune altération : de sorte qu'un mode *naturel* est celui où l'on n'emploie ni dièse ni bémol. Dans le sens exact il n'y aurait qu'un seul ton *naturel*, qui serait celui d'*ut* ou de *C* tierce majeure. »

un élément commun, le *son*, lequel suppose certains rapports de nature et d'inspiration entre le compositeur et l'écrivain, surtout si l'écrivain est orateur ou poète.

Le ton naturel joue en littérature le même rôle qu'en musique ; il est placé entre les deux autres, auxquels il sert de lien, et, pour ainsi dire, de terrain neutre. C'est le ton qui correspondrait le mieux à ce qu'on a nommé le style simple. Seulement il est remis ici à sa véritable place, à égale distance des deux extrémités dont il est séparé par une double échelle de tons intermédiaires. Le ton naturel est donc le ton fondamental, celui dont tous les autres ne sont que des modifications ou des altérations successives. Il représente le calme de l'esprit; il ne convient ni aux ardeurs de la passion, ni aux entraînements de l'imagination, ni même aux grands efforts de l'intelligence. La sérénité est son caractère habituel. On pourrait dire que ce ton moyen est en général celui des littératures classiques, surtout si l'on considère la prose plus que la poésie, et assurément on ne peut le refuser à la littérature française, car il semble être l'un de ses attributs les plus caractéristiques.

Je ne doute pas que tous ceux qui ont réfléchi sur le style n'y reconnaissent comme moi des tons majeurs et des tons mineurs, et n'expliquent par cette assimilation du style à la musique une foule de choses dont il serait impossible autrement de se rendre compte. On doit remarquer cependant, pour rester dans le vrai, que les tons majeurs et mineurs occupent dans la musique une bien plus grande place que dans le style. Le style est surtout l'expression de la pensée. Or, la pensée, envisagée dans son essence, n'a aucun rapport nécessaire avec ce que nous nommons le ton, soit majeur, soit mineur ; ce sont nos sensations et nos sentiments qui, en s'y joignant, la modifient dans l'un ou l'autre sens. La musique au contraire est avant tout l'expression de la sensation et du sentiment, et fait ainsi son principal, ou plutôt son unique objet, de ce qui n'entre que pour une part dans le style. On ne peut donc trouver qu'atténués et à demi voilés dans l'un ces caractères distinctifs qui se montrent dans l'autre avec toute la force et toute l'évidence de la nécessité. Ils y sont cependant; et s'il ne faut demander qu'à la musique les tons majeurs dans tout leur éclat, les tons mineurs dans toute leur mélancolie, il faut reconnaître aussi qu'il existe des caractères analogues dans le style, quels que soient d'ailleurs les termes dont on veuille se servir pour les expliquer.

Il y a des genres qui réclament le ton mineur, l'élégie, par exemple, en tant qu'elle exprime des sentiments tristes ou mélancoliques; il y en a d'autres qui réclament le ton majeur, l'ode, le dithyrambe, l'hymne, en tant qu'ils sont destinés à célébrer de grands évènements, à chanter les victoires des héros ou les louanges des dieux. Tout le côté plaintif et rêveur de notre nature se traduit par le ton mineur, comme son côté vif, énergique et brillant, par le ton majeur. La *méditation* de M. de Lamartine qui a pour titre : *le Désespoir* est évidemment écrite en mineur; l'*harmonie* qui a pour titre : *les Révolutions*, évidemment en majeur. On découvrira sans peine le ton mineur dans *René* et le ton majeur dans les *Martyrs* (1). Quant au ton na-

(1) Si l'on veut d'autres exemples, on peut lire, pour le ton

turel, pour le caractériser d'un mot, je dirai : toute la prose de Voltaire.

Poursuivez ces rapprochements chez tous les poètes et tous les prosateurs, vous arriverez à des résultats semblables, souvent moins frappants, mais toujours visibles. Vous reconnaîtrez le ton mineur dans la *Descente d'Orphée aux Enfers*, au IVe livre des *Géorgiques*, cet épisode que pour ma part je n'ai jamais pu lire sans un profond attendrissement, et le ton majeur dans toutes les odes héroïques

mineur : *Pensée des morts*, dans les *Harmonies*, de M. Lamartine; *Fantômes*, dans les *Orientales*, de M. V. Hugo; *la Nuit de Décembre*, dans les poésies de M. Alfred de Musset; pour le ton majeur : l'*Improvisation* de Corinne au Capitole, dans madame de Staël; les pièces que M. Lamartine a réunies sous le titre de *Jéhova*, dans ses *Harmonies*; les odes que M. Hugo a consacrées dans ses divers recueils à la mémoire de Napoléon. — Si je prends surtout mes exemples dans les écrivains du XIXe siècle, c'est que, d'une part, nous avons avec eux une communauté de sentiments et d'idées qui nous dispose à les mieux comprendre, et que, d'autre part, les différences entre ce que j'appelle le style majeur et le style mineur sont plus marquées de notre temps qu'elles ne l'ont jamais été à aucune autre époque. Je m'abstiens également de citer des écrivains étrangers, afin que le lecteur puisse avoir toujours sous la main ses preuves et ses points de comparaison.

d'Horace ; vous remarquerez de plus la disposition particulière de ces deux poètes à passer, du ton naturel qui leur est ordinaire, le premier au ton mineur, le second au ton majeur. Presque tous les écrivains d'ailleurs sont disposés naturellement à écrire dans un ton plutôt que dans l'autre. Bossuet, même dans ses *Oraisons funèbres*, toutes pleines de l'image de la mort, quitte rarement le ton majeur ; Châteaubriand, que la même image semble obséder sans relâche, se complaît dans les plus mélancoliques accents du ton mineur ; la tristesse du premier, qui parle au nom de Dieu, est haute, majestueuse et forte ; la tristesse du second, qui ne parle qu'en son nom, résonne, amère et plaintive, dans le vide d'un cœur solitaire, comme dit *René*, ou, pour être plus juste, dans le vide d'une âme désenchantée.

Bien qu'il ne soit peut-être pas nécessaire, après les indications que j'ai données, de recourir à des citations, je vais cependant, pour plus de clarté, transcrire ici trois courts passages extraits, le premier du *Discours sur l'histoire universelle*, le second de *René*, le troisième de l'*Emile*.

Exemple de ton majeur :

« Dieu tient du plus haut des cieux les rênes de tous les royaumes ; il a tous les cœurs dans sa main : tantôt il retient les passions, tantôt il leur lâche la bride, et par là il remue tout le genre humain. Veut-il faire des conquérants? il fait marcher l'épouvante devant eux, et il inspire à eux et à leurs soldats une hardiesse invincible. Veut-il faire des législateurs? il leur envoie son esprit de sagesse et de prévoyance ; il leur fait prévenir les maux qui menacent les États, et poser les fondements de la tranquillité publique. Il connaît la sagesse humaine toujours courte par quelque endroit : il l'éclaire, il étend ses vues ; et puis il l'abandonne à ses ignorances, il l'aveugle, il la précipite, il la confond par elle-même : elle s'enveloppe, elle s'embarrasse dans ses propres subtilités, et ses précautions lui sont un piége. »

Ce passage n'a pas besoin, je crois, de commentaire. C'est le ton majeur dans toute sa plénitude, dans toute sa majesté, dans toute sa puissance, dans tout son éclat.

Exemple de ton mineur :

« L'automne me surprit au milieu de ces incertitudes : j'entrai avec ravissement dans les mois des tempêtes. Tantôt j'aurais voulu être un de ces guerriers errant au milieu des vents, des nuages et des fantômes ; tantôt j'enviais jusqu'au sort du pâtre que je voyais réchauffer ses mains à l'humble feu de broussailles qu'il avait allumé au coin d'un bois. J'écoutais ses chants mélancoliques, qui me rappelaient que dans tout pays le chant naturel de l'homme est triste, lors même qu'il exprime le bonheur. Notre cœur est un instrument incomplet, une lyre où il manque des cordes, et où nous sommes forcés de rendre les accents de la joie sur le ton consacré aux soupirs.

Châteaubriand ne semble-t-il pas donner ici tout à la fois l'exemple et la théorie de son style? N'érige-t-il pas en principe général, peut-être à son insu, ses propres habitudes et ses propres tendances? Je ne sais s'il manque des cordes à sa lyre; je sais du moins qu'il aime à faire retentir certaines cordes de préférence à toutes les autres, et qu'il se mêle à tous ses accents quelque chose d'étrangement plaintif et douloureux.

Exemple de ton naturel :

« Je juge de l'ordre du monde quoique j'en ignore la fin, parce que pour juger de cet ordre il me suffit de comparer les parties entr'elles, d'étudier leur concours, leurs rapports, d'en remarquer le concert. J'ignore pourquoi l'univers existe; mais je ne laisse pas de voir comment il est modifié; je ne laisse pas d'apercevoir l'intime correspondance par laquelle les êtres qui le composent se prêtent un secours mutuel. Je suis comme un homme qui verrait, pour la première fois, une montre ouverte, et qui ne laisserait pas d'en admirer l'ouvrage, quoiqu'il ne connût pas l'usage de la machine et qu'il n'eût point vu le cadran. Je ne sais, dirait-il, à quoi le tout est bon; mais je vois que chaque pièce est faite pour les autres; j'admire l'ouvrier dans le détail de son ouvrage, et je suis bien sûr que tous ces rouages ne marchent ainsi de concert, que pour une fin commune qu'il m'est impossible d'apercevoir. »

Rousseau nous parle ici de l'ordre admirable du monde sans s'écarter un instant du ton naturel, sans monter, comme Bossuet n'y manquerait pas, aux sonores accents du ton majeur, sans se laisser aller, comme Châteaubriand le ferait sans doute, aux mélancoliques harmonies du ton mineur.

Dante avait pressenti ces rapports entre les tons dans la musique et les tons dans le style. Lui, le génie initiateur de la poésie nouvelle, il était entré dans cette question, dès les premières années du XIVe siècle, plus loin, plus profondément que les plus beaux esprits de l'antiquité. Dans son livre sur l'*Éloquence vulgaire*, composé peu de temps avant sa mort, avec toute l'expérience et toute l'autorité d'un poète qui vient de créer, pour ainsi dire, une langue et une littérature, et, ce qui est plus noble et plus rare, d'ouvrir une grande ère historique, il distingue trois styles, le tragique, le comique et l'élégiaque. « Il entend, dit-il, par la tragédie le style sublime, par la comédie celui qui est au-dessous, et par l'élégie le style plaintif, qui convient aux malheureux. Il est clair d'après ces définitions, continue Ginguené, à qui j'emprunte cette explication, qu'il a donné à son poème le titre de comédie, parce qu'il croyait en avoir écrit la plus grande partie dans ce style moyen qui est au-dessous du sublime et au-dessus de l'élégiaque (1). » Il serait difficile de ne pas reconnaître ici les trois tons, naturel, majeur et mineur. Dante est en pareille matière la plus grande des autorités. Plus qu'aucun autre il a l'esprit de divination qu'ont tous les vrais initiateurs; plus qu'aucun autre il a l'inspiration propre au génie chrétien, la puisant à sa source dans le moyen âge où il plonge; plus qu'aucun autre enfin il a le droit de parler du style, puisqu'il a fait sortir le sien, par un effort de son génie,

(1) Voici au reste le texte de Dante :

« Per Tragœdiam, superiorem stylum induimus, per Comœdiam inferiorem, per Elegiam, stylum intelligimus miserorum. »

(De vulgari Eloquentia, lib. II, cap. 4.)

du milieu d'une langue encore inculte et à demi barbare.

Les observations que je viens d'appliquer aux individus et aux genres, on en peut faire l'application aux nations et aux époques. Le ton majeur plaît aux nations du Midi; le ton mineur à celles du Nord.

« Dans les climats doux, a dit J.-J. Rousseau, dans les terrains fertiles, il fallut toute la vivacité des passions agréables pour commencer à faire parler les habitants : les premières langues, *filles du plaisir et non du besoin*, portèrent longtemps l'enseigne de leur père ; leur accent séducteur ne s'effaça qu'avec les sentiments qui les avaient fait naître, lorsque de nouveaux besoins, introduits parmi les hommes, forcèrent chacun de ne songer qu'à lui-même et de retirer son cœur au dedans de lui (1). »

« Dans les climats méridionaux, ajoute-t-il un peu plus loin, où la nature est prodigue, les besoins naissent des passions ; dans les pays froids, où elle est avare, les passions naissent des besoins, et les langues, *tristes filles de la nécessité*, se sentent de leur dure origine (2). »

Ce n'est pas en effet du Midi, c'est du Nord que nous est venue cette mélancolie qui, aidée par les

(1) *Essai sur l'origine des langues*, ch. IX.

(2) Ibid., ch. X.

événements et les circonstances, tend, depuis près d'un siècle, à envahir les littératures modernes, et se personnifie surtout dans *Hamlet* et *Werther*.

Si je ne craignais de paraître trop absolu et trop affirmatif en un sujet si délicat, je dirais que dans les époques saines, quand l'écrivain quitte le ton naturel, c'est presque toujours pour passer au ton majeur, et que dans les époques troublées c'est plutôt le contraire qui a lieu. Notre époque est dans ce cas. Elle aime à pleurer et à chanter ses larmes, soit dans le rhythme poétique, soit dans le rhythme musical, marque distinctive d'une société vieillie qui ne saurait goûter de joies sans amertume, et semble, d'un autre côté, chercher jusque dans ses tristesses je ne sais quelle âcre et singulière volupté. La musique, à de telles époques, doit s'emparer peu à peu des âmes, fatiguées des sains labeurs de la pensée, et contraindre la poésie même à lui emprunter, pour garder un reste d'empire, ses modulations les plus mélancoliques, mais aussi les plus énervantes et les plus molles.

Jusqu'au XIXe siècle, nos écrivains, prosateurs ou poëtes, fidèles, autant d'instinct que de volonté, à la tradition classique, avaient pris pour base le ton naturel. Fortement posés sur ce terrain solide, ils maniaient la langue en maîtres, et leur style se prêtait admirablement à toutes les nuances de ton qui dérivaient de leur personnalité. Ils savaient en changer suivant les genres, suivant les ouvrages, le baisser ou l'élever d'un degré quand leur sujet ou les circonstances l'exigeaient. Corneille constate, dans son examen de *Polyeucte*, que le style de cette tragédie n'est pas si fort ni si majestueux que celui de *Cinna* et de *Pompée*, mais qu'il a quelque chose de plus touchant. Il donne en ce peu de mots le secret de son génie et du génie de son siècle. On proportionnait le ton aux personnes et aux choses, sans s'écarter pour cela du ton moyen, qui seul permet de tout dire convenablement. Le plus grand reproche qu'il y ait à faire peut-être à Racine, c'est d'avoir manqué souvent à cette loi, en donnant à ses personnages secondaires un langage trop uniformément noble, élégant et majestueux. Il s'y est cependant soumis dans le ton général de ses pièces, et s'est bien gardé d'écrire *Bérénice* dans le même ton que *Britannicus* ou *Athalie*. Le ton mineur domine évidemment dans la première, et le ton majeur dans les deux autres.

A notre époque, on est rarement dans le ton naturel. On se jette tout d'abord dans le ton majeur ou mineur, et, sans passer par les nuances intermédiaires, on va droit et comme d'un bond aux extrêmes dans l'un ou l'autre ton. Je parle surtout de la poésie, la prose ayant gardé davantage la tradition française. Béranger, le seul de nos poètes contemporains qui soit resté pleinement dans cette grande et illustre tradition, le doit peut-être à l'emploi habituel du ton moyen. Ce ton lui vient de nature; il est le résultat de l'équilibre qui existe entre ses facultés; toutefois la volonté contribue à le maintenir. Le poète prend tour à tour, aussi bien que personne, tous les tons, soit majeurs, soit mineurs, mais toujours dans une juste mesure. Il n'y arrive presque jamais sans transition, il ne s'y jette presque jamais avec cette brusquerie de prime-saut, avec cette hardiesse dithyrambique qui ne laisse plus ensuite à l'écrivain la liberté de revenir au style naturel et simple. Cela lui permet, non-seulement la variété des sujets, mais, chose plus rare.

la variété des nuances dans l'unité de l'ensemble. On en peut dire autant de Molière, de La Fontaine, de Voltaire, et généralement de toute cette lignée d'écrivains qui reproduit plus spécialement, si l'on peut dire, les caractères propres de l'esprit français, et qui part de Villon pour aboutir à Béranger. Béranger est le dernier de nos poètes classiques. Les autres grands poètes contemporains peuvent avoir des caractères plus tranchés, plus énergiques, plus éclatants ; mais ceux qui constituent le génie classique, assurément ils ne les ont pas.

L'unité de style consiste dans l'emploi dominant, pour toute la durée d'un ouvrage, du même ton, soit naturel, soit majeur, soit mineur. Quand je dis du même ton, j'entends tous les degrés de ce ton, toutes les nuances, toutes les combinaisons qu'il comporte. Autrement il y aurait monotonie, c'est-à-dire pesanteur et ennui. On conçoit tous les avantages du ton naturel. Il confine aux deux autres, dont il peut sans cesse envahir le domaine, sans avoir besoin pour cela de franchir de trop longs intervalles. Il est indispensable dans les œuvres de longue haleine, où il introduit une facilité, une souplesse et une variété dont il leur est impossible de se passer. Qu'un ouvrage de prose ou de poésie, limité à une médiocre étendue, soit écrit tout entier dans le ton majeur ou le ton mineur, cela se comprend; la fatigue n'aura pas le temps de venir. Mais dès que cet ouvrage embrasse un large espace, que ce soit une épopée, une tragédie, un discours ou une histoire, il faudra de toute nécessité que l'auteur se tienne le plus souvent dans ce ton simple et naturel, sans quoi il n'aurait pas la liberté de monter ou de descendre à son gré. Milton seul, parmi les grands poètes épiques, semble faire exception à cette règle; mais si l'on songe au caractère sacré de son sujet, à la nature particulière de son génie et aux circonstances tant intérieures qu'extérieures au milieu desquelles il composait son *Paradis perdu*, on comprendra facilement qu'il n'ait guère abandonné le ton majeur, ou, pour mieux dire, qu'il ait porté et maintenu plus haut que ses devanciers le ton moyen de son style (1).

(1) Ne serait-ce pas la véritable raison de la fatigue qu'on éprouve invinciblement quand on veut lire de suite ce poème, si rempli cependant de beautés originales et profondes?

Il faut remarquer en effet qu'il y a, outre le ton naturel, qui est le vrai ton moyen, une certaine moyenne dans le ton majeur et dans le ton mineur, qui permet encore une grande variété dans le style, sans forcer l'écrivain à sortir brusquement du ton qu'il a une fois adopté. Majeur, mineur, ce n'est là qu'un caractère général qui enveloppe tout le style, mais qui se diversifie à l'infini dans les détails. La véritable supériorité du ton naturel, c'est d'admettre successivement le ton majeur et le ton mineur et de se varier, non-seulement avec les nuances d'un même ton, mais avec les caractères combinés des différents tons. Il n'y a que les tons extrêmes qui repoussent la variété. Placé d'abord au plus haut degré, l'écrivain ne peut plus ni monter ni descendre sans danger. S'il essaie d'élever le ton, il ne parle plus, il crie; s'il veut le ramener au naturel, il ne descend pas graduellement, il tombe. Il y a toutefois de grands effets à tirer du changement subit de ton, du passage brusque du ton majeur au ton mineur, et réciproquement, ou simplement du ton naturel aux tons les plus élevés, soit en mineur soit en majeur. La passion, dans ses retours soudains et inattendus, s'arrange aisément de ces prodigieuses enjambées qui font franchir au style en un saut tous les degrés de l'échelle poétique ou musicale. Le génie oratoire, surtout quand il atteint, comme dans Bossuet, à sa suprême hauteur, n'est pas moins disposé à admettre ces contrastes, qui ont besoin, pour ne paraître ni excessifs ni choquants, d'être toujours naturels.

Dans l'exemple qui suit, Bossuet, en montant subitement du ton naturel au ton majeur, me semble avoir produit un effet d'autant plus puissant qu'il est moins prévu.

« Sans disputer davantage sur l'année de la naissance de Notre Seigneur, il suffit que nous sachions qu'elle est arrivée environ l'an 4,000 du monde. Les uns la mettent un peu auparavant, les autres un peu après, et les autres précisément en cette année : diversité qui provient autant de l'incertitude des années du monde, que de celle de la naissance de Notre Seigneur. Quoi qu'il en soit, ce fut environ ce temps, 1,000 ans après la dédicace du temple, et l'an 754 de Rome, que Jésus-Christ, fils de Dieu dans l'éternité, fils d'Abraham et de David dans le temps, naquit d'une vierge. »

Ainsi, après une discussion de dates et de chiffres, chose toujours aride et froide, Bossuet fait passer brusquement sous nos yeux éblouis ces grandes et sublimes images de Dieu et de l'homme, de l'éternité et du temps, qu'il met encore en relief par l'opposition symétrique, comme pour rendre la différence de ton plus saisissante !

Ce mélange de tons heurtés est le procédé habituel des humoristes, qui en tirent la meilleure part de leur originalité, parfois un peu forcée, de leur sensibilité, trop souvent factice, ou tout au moins douteuse. On en a abusé de nos jours comme de tous les autres procédés du style. Il est sorti de là pourtant des beautés vraiment neuves, principalement dans les œuvres de M. Alfred de Musset, dont la fantaisie aime à passer sans transition de la grâce piquante de la raillerie aux vagues tristesses de la mélancolie, quelquefois même aux sombres amertumes du désespoir.

Il est un genre, le genre dramatique, où ces contrastes sont de nécessité dans le style, puisqu'ils existent dans les situations et les caractères des personnages. Hors de là ils sont toujours dangereux, quoique souvent très-expressifs et très-beaux. Ce sont, en un mot, des exceptions, qui ne peuvent en rien amoindrir l'autorité de la règle. L'unité de style, ou l'unité de ton, car ces deux termes sont équivalents, n'est donc en définitive que le résultat moyen de toutes les nuances et de tous les tons intermédiaires, qui s'unissent et se fondent pour composer l'harmonie générale du style dans l'œuvre tout entière.

Il me reste, pour terminer ces considérations sur le ton, à parler de la convenance du style au sujet que l'on traite.

Cette convenance est à l'ensemble d'un ouvrage ce qu'est la propriété à chaque terme particulier. Les mêmes qualités de l'esprit qui font trouver l'expression la plus propre font aussi trouver le ton le plus convenable. Il est permis à celui qui parle de se laisser emporter quelquefois au-delà du ton vrai ; la chaleur de la parole improvisée excuse de pareilles fautes ; mais celui qui écrit ne doit jamais se laisser tromper par ces entraînements irréfléchis, par ces élans tumultueux de l'imagination. Il y a au reste une sorte d'instinct qui retient l'écrivain distingué et l'empêche d'aller au-delà ou de rester en deçà du ton que son sujet exige, et à défaut de l'instinct, qui peut s'égarer, il y a l'art, c'est-à-dire la raison, qui doit toujours veiller.

Il existe encore, en dehors des convenances du sujet, une sorte de ton, qu'on pourrait appeler personnel, quant à l'auteur, et général, quant au style; car, d'une part, il est indépendant de tout ce qui n'est pas l'auteur lui-même, et d'autre part, il domine et embrasse tous les autres éléments du style. Supposez le même sujet traité par deux écrivains avec un égal génie et un égal succès, il présentera nécessairement des différences notables, non-seulement dans la disposition des parties et le caractère des détails, mais dans le ton général du style. Il y a donc un ton essentiellement lié à la personne de l'écrivain, qui se combine dans chaque œuvre avec le ton ou les nuances de ton qu'elle réclame, et réalise ainsi une sorte d'union indéfinissable où des éléments divers se trouvent confondus sans cesser d'être distincts. Ce ton propre à l'écrivain, et qu'on retrouve toujours au fond de toutes ses œuvres, surtout si on les examine dans leur ensemble, est l'expression la plus haute de l'originalité, car il est l'expression la plus idéale de la personnalité. Le plus souvent on le reconnaît dans les productions du génie sans pouvoir s'en rendre compte, ou, si l'on essaie d'exprimer son sentiment, c'est toujours, quoi qu'on fasse, par des termes plus ou moins inexacts, plus ou moins incomplets, plus ou moins vagues. Ce serait vainement d'ailleurs qu'on chercherait à le définir; il est ineffable comme tout ce qui touche à l'indissoluble unité de notre être.

On comprend maintenant en quoi ma théorie des tons diffère de la division des styles en trois genres, simple, tempéré, sublime. S'il fallait les rapprocher par leurs points communs, je dirais que le style simple correspond au ton naturel, le style tempéré au ton moyen, soit en majeur, soit en mineur, le style sublime aux tons extrêmes dans l'un ou dans l'autre. Mais, quelques rapprochements qu'on puisse faire, cette classification restera toujours incomplète et fausse à certains égards, parce qu'elle ne tient compte que de ce qui se montre extérieurement dans le style, tandis que l'autre embrasse tout à la fois les caractères extérieurs et l'essence intime des choses.

CHAPITRE VIII.

DU STYLE DANS SES RAPPORTS AVEC LE BEAU ET AVEC LE SUBLIME.

A cette question du ton, que je viens de traiter, s'en lie intimement une autre, celle du style dans ses rapports avec le *beau* et avec le *sublime*. Du ton, qui enveloppait déjà tous les autres éléments du style, en leur donnant un caractère plus général et plus idéal, je dois passer à quelque chose de plus général et de plus idéal encore, qui embrasse le style tout entier et le pénètre dans son essence même.

Certes, je n'ai pas la prétention, après les grandes tentatives de la philosophie allemande, complétées chez nous par les éloquents travaux de MM. Cousin, Jouffroy et Lamennais, d'essayer à mon tour une théorie du beau. Mes vues ne vont pas aussi loin, et je dépasserais d'ailleurs mon droit, si je traitais accidentellement une question aussi grave, qui demande à elle seule tout un livre. Je me bornerai donc, comme je l'ai fait jusqu'ici, à exprimer, dans les limites de mon sujet, ce qui me paraît juste ou ce que je sens être la vérité.

Le *beau*, suivant Platon, est la splendeur du *vrai*. Cette définition a pu être modifiée, développée, agrandie, si l'on veut, par les définitions qui lui ont succédé; elle ne me semble pas du moins avoir été abolie, surtout si on l'applique au style, dont la première condition est d'être vrai, puisqu'il est l'expression de la pensée. « Il faut exprimer le vrai pour écrire naturellement, fortement, délicatement », dit La Bruyère. « Un beau style n'est tel, en effet, dit Buffon, que par le nombre infini des vérités qu'il présente. » Puis il ajoute avec sagacité et profondeur : « Toutes les beautés intellectuelles qui s'y trouvent, tous les rapports dont il est composé sont autant de vérités aussi utiles, et peut-être plus précieuses pour l'esprit humain, que celles qui peuvent faire le fond du sujet. »

On ne peut trop insister sur cette distinction établie par Buffon, car il s'en faut de beaucoup qu'elle soit claire dans un grand nombre d'esprits, même des plus cultivés. J'insiste donc.

Si *rien n'est beau que le vrai*, s'ensuit-il que le fond des idées sur lesquelles repose un ouvrage doive être absolument vrai? Non; autrement il faudrait n'admettre comme beau que ce qu'on suppose formellement révélé, c'est-à-dire le surnaturel, le divin; il faudrait proscrire, comme indignes d'admiration, les chefs-d'œuvre de la statuaire antique, parce qu'ils représentent des divinités fausses, et anéantir du même coup tous les poëtes grecs et latins, Homère et Virgile, Hésiode et Lucrèce, parce qu'évidemment leurs ouvrages sont remplis de faussetés et de mensonges. Je ne fais pas une hypothèse gratuite; il y a des systèmes qui conduiraient là, s'ils étaient conséquents; il y a des religions qui ont été, qui sont encore iconoclastes.

Qu'est-ce donc que nous admirons dans tous ces grands artistes et tous ces grands poètes? Nous admirons la beauté, c'est-à-dire la vérité des images, des lignes, des mouvements qui composent leurs productions, statues ou poèmes; nous admirons la beauté, c'est-à-dire encore la vérité des rapports, des idées et des sentiments que révèlent extérieurement ces images, ces lignes et ces mouvements; en un mot, nous admirons leur style, qui réunit toutes ces choses. Ainsi, quand on applique au style et généralement aux arts cette définition célèbre de Platon, il faut avoir soin de mettre en dehors la vérité plus ou moins complète du système religieux, philosophique ou scientifique de l'auteur, qu'il soit artiste ou écrivain; car *toutes ces choses sont hors de l'homme*, comme dit Buffon, et dépendent du milieu qui l'entoure bien plus que de lui-même; il faut enfin ne lui demander que de reproduire dans ses œuvres la vérité qu'il a pu voir et sentir personellement, la vérité de tous les temps et de tous les lieux, *cette lumière qui éclaire tout homme venant en ce monde*, et de la reproduire sous cette forme claire et splendide qui est proprement le beau. Il est certain que l'idéal du style, ce serait d'exprimer la vérité absolue ou divine; mais la vérité absolue étant inaccessible à l'homme, nous ne pouvons exiger de lui ce que sa nature finie ne comporte pas.

D'un autre côté, suffit-il, pour que le style soit beau, en d'autres termes, pour qu'il exprime le vrai, que l'écrivain fasse usage seulement de l'une de ces trois facultés primordiales, puissance, intelligence, amour, qui doivent s'appeler ici, imagination, art, inspiration? Non; car il peut y avoir dans le style de belles couleurs ou de belles images, sans qu'il soit beau; un beau dessin ou de belles lignes, sans qu'il soit beau; de beaux mouvements enfin, sans qu'il soit beau. Il est nécessaire, pour qu'il soit beau, vraiment beau, qu'il réunisse ces trois éléments, non pas dans une mesure inégale, mais en équilibre et comme fondus dans un harmonieux accord. L'idée du beau véritable est donc inséparable de l'idée d'union, d'équilibre, d'harmonie. Elle est corrélative à celle du génie. Le beau est fait pour être saisi et réalisé humainement par le génie; le génie est fait pour saisir et réaliser humainement le beau.

Or, qu'est-ce que le génie?

Le génie est l'accord de toutes les facultés actives de l'homme au plus haut point où elles puissent s'unir et se faire équilibre.

Telle est la définition que j'ai donnée du génie dans mon livre sur l'*Invention originale*, et j'ai cru ne pouvoir mieux faire que de la reproduire textuellement.

Ainsi le beau ou le vrai correspond à toutes nos facultés; il est en rapport avec notre imagination, avec notre raison, avec notre sensibilité; mais, pour être complet, il doit s'adresser simultanément et dans une même mesure à ces facultés réunies. Le style, qui le réalise sous une de ses formes, la plus idéale ou la plus intellectuelle de toutes, est soumis aux mêmes lois. Il n'atteint son degré suprême qu'à la condition de maintenir en équilibre tous les éléments qui le composent. Aussi le beau, soit dans les arts, soit dans le style, nous calme en nous élevant. Nous ne pouvons le concevoir pleinement — aussi pleinement du moins que notre faiblesse humaine nous le permet — sans devenir aussitôt plus grands et meilleurs. Le malheur de notre nature, c'est le désaccord qui existe entre nos facultés, cette lutte incessante entre les éléments finis de notre être et l'irrésistible élan qui nous emporte vers l'infini. Le beau, par cela seul qu'il se fait sentir à nous, nous tranquillise et nous apaise, soit en établissant momentanément entre ces éléments intérieurs, qui se contrarient et nous tourmentent, quelque chose de l'harmonieux équilibre qu'il réalise au dehors, soit en arrêtant provisoirement et, pour ainsi dire, en trompant, dans la contemplation d'une œuvre finie, notre insatiable désir de l'idéal. C'est un degré de plus que nous franchissons entre la terre et le ciel, entre l'homme et Dieu, une sorte de lieu intermédiaire où nous nous reposons quelques instants des douleurs de cette vie bornée dans l'attente d'une existence immortelle, une halte enfin dans le vrai, entre le réel, qui nous écrase, et l'absolu, qui nous attire.

La nature agit sur nous dans le même sens. Elle a des couleurs, elle a des lignes, elle a des mouvements dont l'harmonie nous charme et produit en nous cette sérénité qui résulte inévitablement de l'équilibre entre toutes les forces de notre être. C'est que la nature est l'enveloppe visible du vrai, comme les arts, comme le style ; c'est qu'elle manifeste, comme eux, le beau dans toutes ses conditions d'existence. Mais pour éprouver, en face de la nature, cet apaisement intérieur, cette calme et pleine satisfaction que donne à notre âme le sentiment du beau, il faut la voir sous certains aspects, par certains côtés qui seuls la rendent accessible à cette douce et sereine harmonie ; il faut qu'elle ne soit pas trop forte ou trop terrible pour s'unir à l'homme ; il faut qu'elle se soit laissé dominer par lui, qu'elle ait subi ou puisse subir l'empreinte de sa volonté. Partout au contraire où elle nous apparaît en souveraine, dans la majestueuse liberté de sa solitude ou dans la redoutable énergie de ses grandes scènes, elle éveille en nous un sentiment profond de l'infini, qui rompt l'équilibre de nos facultés au profit de l'une d'entre elles, et produit en nous des émotions presque toujours douloureuses. Les déserts, les forêts, l'immensité de la mer et du ciel, endormis dans le calme ou bouleversés par la tempête, la nudité des plaines ensevelies sous les neiges, la sauvage grandeur des monts couronnés de glace, les éclats de la foudre, les ravages de l'incendie ou des torrents, tout ce qui nous remplit d'une admiration mêlée d'épouvante, ce n'est plus le domaine du beau, mais du sublime.

Le beau nous retient dans les limites du fini et nous y attache par de doux liens; le sublime nous ouvre l'infini et nous y plonge un instant pour nous en retirer aussitôt, faibles, abattus, découragés, ainsi qu'il arrive après tout effort qui dépasse notre puissance. « Le temps, a dit Bossuet, est comme un grand voile étendu devant l'éternité et qui nous la couvre. » Le fini, dirons-nous à notre tour, est comme un grand voile étendu devant l'infini et qui nous le couvre. Un éclair déchire ce voile, derrière lequel se dérobe l'invisible; éblouis plutôt qu'éclairés par ces splendeurs soudaines, nous croyons, pour un moment du moins, retomber dans de plus épaisses ténèbres. On s'en souvient toutefois, et l'âme qui a éprouvé de telles secousses en demeure plus souffrante peut-être, mais en garde la trace brûlante, toujours salutaire à quiconque en a su profiter.

Voyez les écrivains qui ont vécu, si j'ose le dire,

dans la familiarité du sublime, qui ne s'y sont pas jetés par des élans subits ou passagers, mais qui s'y sont portés par une impulsion puissante, soit du cœur, soit de la pensée, sainte Thérèse et Pascal, par exemple, ces deux nobles et touchantes natures! Ils vivent dans une aspiration perpétuelle et croissante vers l'infini; mais l'infini est *senti* par l'une, il est *pensé* par l'autre. Aussi la première est-elle consumée par l'ardeur de son sentiment, le second, accablé et comme épouvanté par la profondeur de sa pensée. On peut dire de tous deux également que l'infini les enivre; mais cette ivresse, remplie, dans sainte Thérèse, de charmantes tendresses et de divines extases, est, dans Pascal, presque toujours sombre et douloureuse. Elle souffre pourtant et doit souffrir comme lui, parce qu'elle veut saisir par l'amour, comme lui par l'intelligence, ce que ni l'amour ni l'intelligence de l'homme ne pourront jamais saisir. Comparez à ces âmes, dévorées de la soif de l'infini, quelques-uns de ces génies, soit anciens, soit modernes, soit artistes, soit poëtes, qui ont vécu dans la recherche et la contemplation du beau, heureux d'en reproduire l'image dans leurs œuvres, vous sentirez qu'au fond, quelles que soient les agitations de la surface, leur âme est calme, sereine, harmonieuse et forte, car elle garde l'équilibre de ses facultés et ne vise pas plus haut qu'il ne lui est permis de monter.

De grands sentiments, de grandes pensées, de grandes images, s'enlaçant dans une régulière et naturelle unité, voilà le beau. Si vous jetez tout à coup sur l'une de ces trois choses, sentiment, pensée, image, une lumière telle qu'elle vous laisse un seul instant entrevoir l'infini, vous aurez le sublime. Le sublime n'admet pas l'équilibre. S'il pouvait l'admettre, ne fût-ce qu'une seconde, pendant cette seconde l'homme serait Dieu. Dieu seul réalise l'équilibre dans l'infini ; l'homme ne le réalise que dans le fini, et quand il arrive au plus haut degré possible, cela s'appelle le génie.

Le génie n'est donc pas nécessaire pour produire le sublime : mille exemples de sacrifice et de dévouement, d'enthousiasme et d'héroïsme, mille martyrs de leur devoir ou de leur foi nous en fournissent la preuve ; mais dans les arts et dans les lettres il est rare de rencontrer le sublime où ne se trouve pas le génie, c'est-à-dire l'équilibre des plus hautes facultés. D'un autre côté, le génie peut exister, ainsi que le beau, sans que le sublime en sorte nécessairement, bien que les grandes âmes, d'où naissent les grandes œuvres, soient toujours plus près du sublime que les âmes médiocres. Elles n'ont qu'un pas à franchir pour y atteindre; il leur suffit de dégager une de leurs facultés des liens qui la retiennent et de la laisser s'ouvrir seule au souffle d'en haut; et comme d'ailleurs elles vivent dans une sphère supérieure, il arrive plus souvent qu'il s'accomplisse en elles quelque soudaine révélation.

Quant aux rapports du sublime au style, ils sont fort difficiles à reconnaître, au moins dans la plupart des cas. C'est le contraire de ce qui a lieu pour le beau, dont les rapports au style se déduisent logiquement avec la plus grande facilité.

Longin cite, comme exemple de sublime, le silence d'Ajax aux enfers, dans l'*Odyssée*; nous pourrions citer, nous, la fameuse scène de somnambulisme dans *Macbeth*, si cet exemple, aussi bien que le premier, n'était tout à fait étranger au style. Le sublime réside ici dans les choses, non dans ce que les mots peuvent exprimer.

Toutefois, dans les exemples de sublime devenus célèbres, le style joue ordinairement un rôle très-secondaire. Le *qu'il mourût* de Corneille est sublime par le sentiment bien plus que par les mots. Changez-les, sans changer le sentiment, et le sublime reste au fond, quoique moins frappant peut-être dans la forme. Pourquoi? parce que, à vrai dire, il n'y a pas là de style. Le poète n'emploie que les mots strictement indispensables. Moins il y en a, mieux le sentiment perce à travers l'expression. Même remarque pour le mot de *Macduff*, quand il apprend que sa femme et ses enfants ont été massacrés par l'ordre de *Macbeth* : « Il n'a pas d'enfants! (1) » Ici les termes ne font rien au sublime; on pourrait les changer. Cependant il est douteux que toute autre manière d'exprimer ce mouvement passionné eût la même valeur, parce qu'on n'en trouverait pas une assurément qui fût aussi simple. Au reste, Shakspeare est plein de ces traits-là, iné-

(1) Acte IV, scène 3.

puisables chez lui comme dans la nature même d'où son génie les fait jaillir.

On a cité partout le fameux *moi* de la *Médée* de Corneille, sans faire à Sénèque, qui lui a servi de modèle, l'honneur de le citer à côté de son imitateur. Le trait du poète latin vaut pourtant, à ce que je crois, celui du poète français, et il a l'avantage d'être le premier en date. Aux paroles de la nourrice : « *Nihil superest opibus e tantis tibi*, » Médée répond : « *Medea superest.* » Le *moi* est plus bref; mais quand on songe au passé de Médée, son nom prononcé par elle-même avec cette superbe confiance fait trembler. Dans Corneille elle est plus noble peut-être ; à coup sûr, elle est plus terrible dans Sénèque, et elle le paraîtrait davantage sans doute, si Sénèque, fidèle à ses habitudes de déclamation, n'avait voulu montrer, par les développements qu'il ajoute à cette énergique parole, qu'il en comprenait bien toute la force, sinon toute la profondeur. Quoi qu'il en soit, cela prouve du moins que le même sentiment peut sembler également sublime, bien qu'exprimé de deux manières différentes.

Dans tous ces exemples le sentiment seul est en jeu ; on en peut citer d'autres qui offrent réunies au plus haut degré la simplicité de l'expression et la grandeur de l'image.

Dans le Purgatoire, Dante, toujours guidé par Virgile, rencontre Sordello, poète comme l'un et l'autre, et Mantouan comme le dernier.

« Nous vinmes à elle : ô âme lombarde, comme tu te tenais altière et dédaigneuse ! et dans le mouvement de tes yeux quelle dignité et quelle lenteur !

« Elle ne nous disait aucune chose, mais nous laissait venir, regardant seulement, *à la manière d'un lion qui se repose* (1). »

Je ne sache pas de plus sublime image de la fierté dans le calme, de la grandeur d'âme qui a conscience d'elle-même. Aussi n'y a-t-il que tout juste ce qu'il faut de mots pour que l'image se

(1) Venimmo a lei : o anima Lombarda,
Come ti stavi altera e disdegnosa,
E nel muover degli occhi onesta e tarda !

Ella non ci diceva alcuna cosa,
Ma lasciavane gir, solo guardando,
A guisa di leon quando si posa.

(Purg. C. VI.)

voie, et cela suffit pour nous émouvoir profondément. Il n'en faut pas non plus davantage pour nous entraîner à la suite du poète ou du penseur dans les espaces sans bornes. L'expression, en pareil cas, est comme un milieu transparent à travers lequel on aperçoit l'infini. On en trouverait difficilement un exemple aussi frappant que ce passage tant cité où Pascal emprunte à la géométrie une image de l'immensité.

« Tout ce que nous voyons du monde n'est qu'un trait imperceptible dans l'ample sein de la nature. Nulle idée n'approche de l'étendue de ces espaces. Nous avons beau enfler nos conceptions, nous n'enfantons que des atomes au prix de la réalité des choses. *C'est une sphère infinie dont le centre est partout, la circonférence nulle part.* »

Entre nous et l'image que l'auteur nous montre il n'y a pas un seul obstacle, car il n'y a pas un mot qui ne soit nécessaire. Cette nudité toute mathématique du style nous met face à face avec l'infini.

Si le sublime consiste surtout dans les pensées, dans les sentiments, dans les images, et s'il faut demander au style de les découvrir, non de les vêtir, encore moins de les orner, on ne peut nier cependant qu'en certains cas la disposition antithétique du style ne contribue puissamment à le produire.

J'en citerai quelques exemples.

Deux poètes modernes, l'un espagnol, l'autre français, l'un du XVIe siècle, l'autre du XIXe, Herrera et M. Victor Hugo, le premier dans sa *cancion* sur la bataille de Lépante, le second dans son ode sur la mort de Napoléon II, se sont rencontrés dans un mouvement lyrique qui me semble aussi sublime chez l'un que chez l'autre.

Herrera, après avoir, au début de son chant, exprimé en termes magnifiques, en images vigoureuses, la plupart empruntées à la Bible, l'arrogance du sultan des Turcs, enflé de tant de victoires et de triomphes, lui met dans la bouche cette exclamation d'enthousiaste orgueil :

« Du Nil au fertile Euphrate et à l'Ister glacé, tout ce que le soleil contemple, tout est à moi (1)! »

(1) Del Nilo á Eufrates fértil é Istro frio,
Cuanto el sol alto mira, todo es mio !

Puis, opposant l'humble et calme prière du chrétien à la sacrilége assurance de l'infidèle, il ajoute avec un admirable mouvement :

« Toi, Seigneur, qui ne souffres pas qu'il usurpe ta gloire celui qui, dans son audace, n'estime sa force que pour accroître sa vanité et sa fureur ; vois cet orgueilleux dont la victoire souille tes autels ; ne permets pas qu'il opprime ainsi les tiens, etc. (1). »

M. Hugo commence aussi par nous faire voir Napoléon parvenu au comble de sa puissance, enivré de sa gloire qui n'a encore subi aucun échec, embrassant l'avenir dans son fils et présentant son héritier à l'univers avec l'orgueil triomphant du père et de l'empereur. Il s'écrie enfin :

— L'avenir ! l'avenir ! l'avenir est à moi !
— Non ! l'avenir n'est à personne !

lui répond le poète : contraste vraiment sublime

(1) Tú, Senor, que no sufres que tu gloria
Usurpe quien su fuerza osado estima
Prevaleciendo en vanidad y en ira,
Este soberbio mira
Que tus aras afea en su victoria ;
No dejes que los tuyos así oprima, etc.

dont chacun saisira la ressemblance avec le passage de l'ode espagnole, qu'il faut lire dans le texte pour l'apprécier à sa juste valeur. Supprimez ici l'antithèse, et presque toute la beauté de ces deux morceaux disparaît aussitôt. Nous n'avons plus qu'une réflexion banale sur la toute-puissance de Dieu comparée à l'incurable impuissance de l'homme.

Au reste il n'est pas nécessaire, pour que l'opposition produise tout son effet, qu'elle se développe, comme on vient de le voir, dans un large et brillant tableau; il suffit souvent qu'elle se concentre en quelques mots énergiques et brefs.

Pope, dans un beau mouvement, apostrophe ainsi l'homme, qui ose, du fond de sa misère, juger et refaire les plans de la Providence :

« Arrache de sa main la balance et la verge, rejuge sa justice, *sois le Dieu de Dieu* (1) ! »

Béranger n'est ni moins concis ni moins sublime, quand il met en regard l'idée de la folie et celle de la divinité :

(1) Snatch from his hand the balance and the rod,
Rejudge his justice, be the God of God.
(*Essai sur l'Homme*, Ep. 1.)

Qui découvrit un nouveau monde ?
Un fou qu'on raillait en tout lieu.
Sur la croix que son sang inonde
Un fou qui meurt nous lègue un Dieu.

Je terminerai ces citations par un de ces traits, si fréquents dans Bossuet, où l'ampleur de la pensée, la vigueur de l'image et la force passionnée du mouvement éclatent tout à coup en un sublime contraste :

« Ramassez tout ce qu'il y a de grand et d'auguste ; voyez un peuple immense réuni en une seule personne ; voyez cette puissance sacrée, paternelle et absolue ; voyez la raison secrète qui gouverne tout le corps de l'Etat, renfermée dans une seule tête ; vous voyez l'image de Dieu, et vous avez l'idée de la majesté royale. Oui, Dieu l'a dit : vous êtes des dieux ; mais, ô dieux de chair et de sang ! ô dieux de boue et de poussière ! vous mourrez comme des hommes. »

Ce trait final tombe comme un éclat de foudre sur cette majesté royale, si pompeusement décrite par l'orateur, et y tombe d'autant plus terrible que le tableau qui précède a étalé plus de magnificence. Mais pour arriver à de tels effets, il ne faut pas seulement avoir le génie de Bossuet, il faut encore avoir sa passion. « La passion, a dit M. Villemain, fait les poètes, les grands écrivains, les philosophes même (1). » A plus forte raison la passion fait-elle le sublime, car c'est la passion qui nous emporte au-delà des étroites limites de notre nature.

On expliquerait peut-être ainsi pourquoi dans Gœthe, et en général chez les Allemands, on rencontre si peu de ces traits soudains qu'on peut appeler sublimes. Ce n'est pas la pensée ou le sentiment qui leur manque, c'est la passion. Certes chez des hommes tels que Klopstock, Gœthe et Schiller, la pensée est souvent sublime. Ils flottent comme dans un nimbe magnifique de poésie; mais ils n'accumulent pas sur un point donné toutes les puissances de l'âme. Ils ont trop de science, trop d'idées et des idées trop vagues. En un mot, ils s'enveloppent dans le voile idéal qui cache l'infini, ils ne le déchirent presque jamais. S'il y avait une exception à faire, ce serait en faveur de Schiller. Son génie assurément est moins vaste et moins profond que celui de Gœthe, mais il est plus passionné, et par conséquent plus disposé aux sublimes élans

(1) *Tableau de la littérature au dix-huitième siècle*, XXVe Leçon.

du cœur ou de l'intelligence. Il y a dans ses œuvres, surtout dans ses poésies lyriques, plus d'un trait que je serais heureux de citer, si je ne craignais déjà de m'être laissé entraîner par l'admiration à des citations trop prolongées.

La conclusion de tout ce qui précède, c'est que le style vient parfois en aide au sublime, mais que le plus souvent le sublime se passe du style, et qu'il est d'autant plus profond et plus saisissant que le style lui est moins nécessaire; tandis que le beau, au contraire, rayonne perpétuellement à travers le style, s'en sert comme d'un instrument indispensable, l'imprègne dans toutes ses parties et se fond avec lui dans une douce ou majestueuse harmonie.

Il est donc à peu près inutile d'étudier le sublime. On le sent ou on ne le sent pas; mais quand on le sent, il est impossible d'échapper à sa toute-puissante influence. Il secoue votre âme et l'endolorit parfois; mais que vous le produisiez comme écrivain ou le ressentiez seulement par l'intermédiaire de l'oreille ou des yeux, dans les deux cas vous ne pouvez ni le prévoir ni vous y soustraire, vous ne pouvez ni en découvrir la source ni en définir l'essence.

Il n'en est pas ainsi du beau. Il est accessible à toutes nos facultés et perfectible comme elles. Il faut donc l'étudier dans ses manifestations et dans ses lois, afin de développer en nous le sentiment qu'il nous fait éprouver et d'en régler les diverses applications. Aussi avons-nous reçu de la nature une sorte de sens qui se rattache au beau par des liens intimes et nous sert puissamment, soit à l'apprécier, soit à le produire. Ce sens, dont je vais parler, se nomme le *Goût*.

CHAPITRE IX.

DU GOUT.

Au propre, ce mot s'applique à celui de nos sens par lequel nous percevons les saveurs des choses. Il nous attire, par des sensations agréables, vers les substances qui peuvent servir utilement à notre nourriture; il nous repousse, par la répugnance, des aliments qui pourraient nous être nuisibles. Il ne se borne pas toutefois à ce rôle instinctif. Il est capable d'éducation et de perfectionnement; il acquiert de la finesse, de la délicatesse, de la susceptibilité même; il est soumis à certaines conventions qui varient suivant les climats, les nations, les époques, suivant les relations et les positions sociales, enfin suivant les individus. L'homme qui mène une vie rude et laborieuse se contente de quelques mets simples, mais grossiers ; il ne comprend rien aux raffinements de la cuisine, encore moins aux recherches corruptrices de la gastronomie. L'homme de loisir au contraire, surtout aux époques où les sociétés croulent, a un penchant prononcé pour les excès de la table. Entre ces deux extrêmes il y a place pour le goût d'une nourriture saine et agréable, substantielle et légère, variée et délicate, qui laisse au corps sa vigueur, à l'esprit sa liberté, et permette à l'homme le développement de tous ses organes comme de toutes ses facultés.

Ce qui est vrai du goût, pris au propre, l'est aussi du goût, pris au figuré, et ce que je viens de dire de l'un peut s'appliquer à l'autre. Le goût, en matière d'art, est une sorte de sens intellectuel qui nous dirige dans le sentiment, dans la poursuite et l'appréciation du beau, et nous tient à une égale distance de la simplicité grossière et de la recherche prétentieuse. Le goût est inséparable du beau, car le propre du goût, c'est de distinguer, c'est de choisir, et sans la distinction et le choix le beau n'est pas réalisable. Un de ses plus heureux attributs est la grâce, qui s'unit à la beauté par d'invisibles liens et s'y enlace comme le lierre au tronc puissant des chênes. Elle la voile, elle l'assouplit, elle lui donne ces courbes délicates, ces lignes onduleuses et flexibles qui adoucissent la sévère majesté du vrai. Souvent elle se dérobe, elle s'efface, elle semble vouloir se cacher; mais c'est alors qu'elle se fait le mieux sentir, se révélant tout à coup dans un sourire, dans un regard, dans un geste, et se réfugiant dans la pudeur quand elle ne voile pas la nudité des formes. Horace appelle les Grâces décentes, *Gratiæ decentes*, et La Fontaine déclare la grâce plus belle encore que la beauté. C'est que la grâce est la pudeur du beau, comme le beau est la splendeur du vrai, et que nous ne pouvons guère plus avoir l'idée complète du beau sans la grâce que l'idée complète de l'arbre sans ses feuilles et du rosier sans ses fleurs.

J'ai dit que le goût est inséparable du beau; j'ajoute, par une conséquence nécessaire, qu'il est inséparable du génie. Cela semble un paradoxe. N'est-il pas reconnu que les hommes du plus grand génie ont commis contre les lois du goût des infractions graves? qu'Homère, que Dante, que Shakspeare, que Corneille, que Bossuet lui-même?... Je l'avoue : il y a dans les œuvres d'Homère, de Dante, de Shakspeare, de Corneille, de Bossuet, bien des fautes de goût. Il y en a plus, au dire de Longin, dans Pindare que dans Bacchylide, dans Sophocle, le grand tragique d'Athènes, que dans Ion, le médiocre tragique de Chio, dans Démosthènes enfin que dans Hypéride; et cependant Homère, Dante, Shakspeare, Corneille, Bossuet, d'une part, Pindare, Sophocle, Démosthènes, de l'autre, ont du goût. Par cela seul qu'ils sont faits pour sentir et réaliser le beau dans ce qu'il a de suprême, il faut qu'ils aient du goût. Seulement, comme chez eux les facultés sont supérieures, qu'ils ont au plus haut degré l'imagination, la raison, l'inspiration, s'il arrive que dans tel ou tel passage de leurs écrits l'une de ces facultés domine à l'exclusion des autres, sa puissance même détruit plus sensiblement l'équilibre dont se compose le génie et dont le goût n'est qu'un accessoire indispensable. L'excès peut se produire chez eux en pareil cas et n'être qu'un accident qui n'altère en rien l'harmonie fondamentale de leurs facultés. S'il en était autrement, l'homme pourrait créer des œuvres parfaites, et nous savons tous qu'il n'en est rien. C'est déjà un si rare privilége d'avoir en soi ce merveilleux ensemble de forces qui se nomme le génie ! Ajoutez-y la même égalité dans les détails, et vous dépassez sur-le-champ les limites de la puissance humaine. Il faut bien que notre faiblesse native se trahisse par quelque endroit ; il faut bien que le génie s'endorme quelquefois, *quandoque bonus dormitet Homerus*, comme il est bon que le soleil se couvre de nuages. D'ailleurs ces échappées soudaines, ces atteintes momentanées aux lois de l'équilibre intellectuel ne sont pas toujours des fautes de goût; elles se font souvent au profit du sublime.

Le sublime n'a aucun rapport de nécessité ni de convenance avec le goût. Supérieur au goût, il échappe à toute règle. Un trait sublime peut se trouver à côté d'une faute grossière, et même y être attaché et comme incrusté sans rien perdre de sa grandeur et de son effet. Ce n'est pas que le sublime et le goût soient antipathiques ; il arrive souvent au contraire que la susceptibilité délicate de l'un ne trouve rien de blessant dans les fougueux mouvements de l'autre. Pour mieux dire, cette délicatesse s'oublie momentanément, et la douce clarté du goût disparaît absorbée dans les splendides lumières du sublime. Il en est au reste du goût comme du tact, qui dirige certains hommes privilégiés dans les circonstances ordinaires de la vie, parfois même dans les circonstances les plus difficiles, mais qui cesse d'agir à certains moments où il n'y a de place et d'action que pour les plus énergiques puissances de notre être.

Je n'ai parlé que des inégalités du goût chez les hommes de génie : en cela ils sont hommes, c'est-à-dire faillibles. Toutefois ce n'est qu'une partie de la question. Pour être juste, on ne doit pas les séparer de l'époque où ils ont vécu, pas plus que de la nation à laquelle ils appartiennent; car il y a le goût d'une époque et le goût d'une nation, comme le goût d'un individu. Vous ne pouvez pas faire que Dante ne soit pas du XIIIe siècle et Shakspeare du XVIe; que le premier ne soit pas italien, que le second ne soit pas anglais. Ils ont parlé aux hommes de leur temps et de leur pays la langue de leur temps et de leur pays, de même qu'ils ont porté, l'un le costume italien du moyen âge, l'autre le costume anglais du temps d'Élisabeth. Cela empêche-t-il leur imagination de s'être traduite au dehors par sa puissance d'invention; leur intelligence, par de vastes plans d'ensemble, de neuves et profondes idées; leur inspiration, par des sentiments forts, délicats ou sublimes? Cela a-t-il empêché leur style de briller également par la richesse des couleurs, la beauté des lignes et la vivante énergie des mouvements?

Que leur a-t-il donc manqué pour posséder ce qu'on appelle vulgairement du goût?

D'avoir vécu à Athènes sous Périclès, à Rome sous Auguste, à Florence sous les Médicis, à Paris sous Louis XIV. Il leur a manqué, non pas le goût, mais une certaine délicatesse de goût, qu'on s'est habitué à regarder comme la règle suprême du beau dans les siècles les plus éclairés, dans les époques pleinement littéraires. Or, cette pureté de goût n'a régné qu'à certains moments de l'histoire des nations, et seulement chez certaines nations dont la littérature a reçu le nom de classique. Il suivrait de là, si l'on voulait être conséquent, que le vrai goût n'appartient pas aux littératures romantiques, et qu'on ne le trouve pas où n'a point prévalu à la Renaissance l'influence des lettres grecques et romaines ; conclusion sévère jusqu'à l'injustice, que pour mon compte il m'est impossible d'admettre.

Il est incontestable que dans ces siècles illustres l'équilibre entre toutes les facultés inventives a été plus parfait qu'à aucune autre époque ; mais est-il sûr qu'il ait été aussi haut dans Sophocle et Euripide que dans Homère ? dans Virgile et Horace que dans Lucrèce ? dans l'Arioste et le Tasse que dans le vieil Alighieri ? dans Racine et La Fontaine que dans Shakspeare ? Homère, Lucrèce, Dante, Shakspeare ont conçu le beau, ou le vrai, et l'ont réalisé avec une puissance suprême, quoique avec un peu moins d'égalité peut-être dans les détails que Sophocle et Euripide, Virgile et Horace, l'Arioste et le Tasse, Racine et La Fontaine. C'est la faute de leur siècle, dont les instincts étaient plus forts que délicats, les mœurs plus simples qu'élégantes. Ils ont moins poli leurs ouvrages, moins châtié leur style ; ils ont permis à leur inspiration personnelle une plus franche et plus entière liberté; mais ils ont eu le goût du beau, comme ils en avaient le sentiment, et s'ils ont été de leur temps et de leur pays par certaines images, certaines formes et certains mouvements de style, ils ont été aussi, en tout ce qui n'appartenait pas aux habitudes et aux conventions particulières de leur milieu, les plus vrais, les plus énergiques et les plus puissants propagateurs du beau universel, c'est-à-dire de la vérité universelle.

En cela d'ailleurs ils ont ressemblé aux maîtres reconnus du goût dans les époques privilégiées. Nous sommes bien rapprochés du siècle de Louis XIV; peut-on dire cependant que tout, dans les grands écrivains de ce temps, reste ou doive rester? qu'il n'y ait pas dans leurs plus belles œuvres un certain côté périssable, que la mort a déjà saisi ou va saisir, comme cela est évident pour les œuvres de ces génies dont on veut bien reconnaître la puissance, mais qu'on ne peut s'empêcher de juger encore à demi barbares? Il y a pour nous-mêmes, qui avons formé notre jugement sur le jugement de ces siècles littéraires, d'un goût si délicat et si dédaigneux parfois, bien des choses dans les modèles classiques les plus respectés que nous n'admettons plus comme belles ou vraies, bien des choses qui déjà nous choquent, ou nous font sourire, ou que nous croyons même devoir attaquer comme fausses ou dangereuses. C'est que le temps laisse toujours son empreinte sur les plus vénérables œuvres; c'est que le goût change de siècle en siècle, d'une nation à l'autre, presque d'une année à l'autre, et que cela seul mérite notre admiration qui sera admirable à toutes les époques et chez tous les peuples. Voilà sans doute ce qui faisait dire à madame de Staël : « Le goût en poésie tient à la nature et doit être créateur comme elle; les principes de ce goût sont donc tout autres que ceux qui dépendent des relations de la société (1), » et à Voltaire, qui condamnait ainsi lui-même ses irrévérences envers Homère : « Le meilleur goût en tout genre est d'imiter la nature avec le plus de fidélité, de force et de grâce (2). »

(1) *De l'Allemagne*, partie IIe, ch. 14.

(2) *Dictionnaire philosophique*, au mot : *Goût*.

Il y a donc un goût local, qui change, un goût universel, qui ne change pas ; et le vrai goût consiste à trouver et à exprimer ce qui ne doit pas, ce qui ne peut pas changer. Tous les hommes d'un génie véritable se touchent par là ; c'est par là qu'il faut les aborder, c'est par là surtout qu'il faut les juger. Les voir par ce qui dans leurs ouvrages est purement local, et par conséquent destiné à périr, c'est faire preuve de *mauvais goût*, fût-on un homme du goût le plus fin et le plus sûr dans l'appréciation des chefs-d'œuvre classiques. Que de beautés réputées fautes par des esprits prévenus ou scrupuleux à l'excès ! Que d'énergiques ou profondes expressions, sorties toutes vivantes de la personnalité du génie, ont été et sont encore déclarées inacceptables à cause de leur originalité même!

Je ne veux certes pas médire des grands siècles. Ils éclairent l'humanité d'une lumière brillante, limpide, égale, qui frappe l'intelligence sans l'éblouir. Au sublime ils préfèrent le beau, au sentiment de l'infini le sentiment du vrai, et ils le réalisent sous sa forme la plus harmonieuse, c'est-à-dire la plus parfaite. Par une conséquence nécessaire, ils ont le goût plus pur, plus uniforme, plus réglé que les autres siècles, quelque féconds que ceux-ci aient pu être en grands génies, car ils étendent et généralisent les principes éternels du beau, sur lesquels le véritable goût repose. Voilà pourquoi ils sont les siècles du goût par excellence et méritent d'être pris pour modèles. Toutefois ils sont produits par ces siècles moins purs, moins cultivés, comme une mâle et noble virilité par une jeunesse inspirée, et ils ne tardent pas à produire eux-mêmes des époques moins harmonieuses, moins complètes, où le goût s'altère avec l'équilibre des facultés.

Je conclus donc, en ce qui touche au style, qu'il y a, d'une part, un goût inséparable du beau, et par conséquent du génie ; que ce goût est universel ; qu'il est perfectible ; qu'il résulte d'un accord supérieur entre tous les éléments du style; et d'autre part, un goût relatif, conventionnel, local, variable à l'infini suivant les temps, les nations, les langues, les institutions, les mœurs; que ce goût ne doit jamais être confondu avec l'autre, et que tous les efforts de la critique doivent avoir pour but de dégager dans les œuvres du génie, à quelque époque et à quelque nation qu'elles appartiennent, ce qui est essentiellement beau de ce qui n'est beau que relativement, ce qui est éternellement vrai de ce qui n'est vrai qu'aujourd'hui et ne le sera plus demain.

CHAPITRE X.

DU VERS ET DE LA PROSE.

Jusqu'ici j'ai considéré le style dans ses éléments les plus généraux, indépendamment de ces formes particulières qu'on nomme vers et prose. Prose ou vers, le son, la couleur, le dessin, le mouvement, le ton, se trouvent ou doivent se trouver dans le style. Je dois maintenant examiner les principales modifications que subit le style, suivant qu'il admet le vers ou s'en passe.

L'homme, quand il commence à vouloir exprimer ses pensées, n'emploie d'abord ni le vers ni la prose, parce qu'il ne fait pas de style, et que la prose, aussi bien que le vers, ne commence, à proprement parler, qu'où le style commence. Son langage est bref, simple, coloré, sentencieux; il procède par propositions détachées, sans combinaisons d'idées, sans complication de lignes. Pour arriver à faire ce qu'on nomme une phrase, il lui faut beaucoup de temps; il lui en faut bien plus encore pour apprendre à dessiner correctement cette phrase. Il n'en éprouve pas moins, avant d'en venir là, le besoin de fixer ses pensées et de les conserver ou de les transmettre par la mémoire. Alors son instinct lui fait imaginer certains signes extérieurs, une certaine mesure, un certain nombre, un certain rhythme, le retour de certains sons et de certaines consonnances, quelque chose enfin de déterminé, de défini, qui introduise dans l'expression des temps d'arrêt et comme des points de rappel où la mémoire puisse toujours se prendre. Il faut ajouter à ce besoin, qui précède l'invention de l'écriture, l'instinct musical inhérent à la nature humaine. Le vers naît comme la musique et en même temps que la musique. Considéré comme forme littéraire, le vers est donc antérieur à toute phrase et conséquemment à toute prose. Cela n'est pas vrai seulement des nations, mais encore des individus. Poète ou prosateur, on débute généralement par faire des vers. La prose vient ensuite, quand elle doit venir. Et cependant chez nous autres, peuples civilisés, on entend dès l'enfance des phrases compliquées, des expressions toutes faites, qu'on apprend de bonne heure à s'approprier, d'abord par l'imitation instinctive, et bientôt par l'assimilation. Nous avons donc, au début, toutes les ressources de la prose à notre disposition, et, pour ainsi dire, sous la main : ce qui n'empêche pas tout jeune homme, dès qu'il se sent ou se croit une vocation littéraire, de s'essayer avant toute chose à la versification, surtout s'il est abandonné à lui-même.

Ainsi c'est bien le vers qui précède et doit précéder la prose, que le vers soit métrique ou syllabique, qu'il ait à son service les modulations variées du rhythme, ou joigne seulement à l'usage de l'accent tonique la richesse un peu monotone des rimes. Dans tous les cas il commence par des combinaisons de phrases extrêmement simples, ou même par des propositions isolées. Toutes les poésies primitives et populaires ont plus ou moins ce caractère; toutes plus ou moins procèdent d'abord par la ligne droite et n'arrivent qu'après une certaine culture, et par conséquent de certains efforts, à couper la phrase par des incises ou à la compliquer par les rapports des différentes propositions.

On peut suivre en quelque sorte l'histoire de la civilisation dans l'histoire du style et des formes poétiques, en Grèce surtout où ce développement s'est fait sans entraves et par une sorte de logique naturelle.

D'abord un seul vers, le vers hexamètre, grave, majestueux, et souple cependant, qui suffit à l'expression des dogmes religieux, avec Orphée, au récit des faits héroïques, avec Homère, à l'exposition des idées morales et des enseignements pratiques, avec Hésiode. Il a dû être dur, raide, sans articulations et sans nuances, tant qu'il est resté uniquement sacerdotal. Il n'était à ses débuts qu'une formule. Il s'assouplit bientôt avec une admirable facilité pour se prêter aux mille incidents et aux innombrables mouvements de la vie. Dans Homère il a déjà toute sa flexibilité sans avoir rien perdu de son ampleur. Il garde une sorte de majesté, si je puis ainsi dire, originelle, qu'il ne dépouillera plus (1). Il se souviendra toujours d'avoir servi d'interprète aux Dieux. Aussi, dès les commencements du VIIe siècle avant J.-C., Archiloque de Paros se hâte-t-il d'inventer ou de s'approprier l'iambe, de tous points contraire à l'hexamètre. Autant celui-ci est grave, majestueux, et même solennel, autant l'iambe est vif, dégagé dans son allure, énergique et incisif. Il va devenir le vers du drame ; c'est déjà presque de la prose (2). Les héros avaient à peu près détrôné les Dieux, en s'emparant de la vaste scène épique ; l'homme ne tardera

(1) Horace, celui de tous les poètes qui a donné le plus de familiarité et de souplesse à l'hexamètre, n'a pu, malgré la marche si libre et si vive de son style, lui enlever tout à fait ce caractère primitif, ce que Cicéron, dans son *Orateur*, appelle *hexametrorum magniloquentia.* Cela reparaît à chaque instant, dès que la pensée du poète s'élève, et avec sa pensée le ton et le mouvement de sa phrase.

(2) « Magnam partem ex iambis nostra constat oratio. »

(Cicéron, *Orat.* cap. 56.)

pas à supplanter à la fois les héros et les Dieux en s'adressant directement à l'homme sur les planches d'un théâtre. Il débute bien d'ailleurs avec Archiloque, et d'une manière conforme à son génie nouveau : il est satirique.

Archilochum proprio rabies armavit iambo (1).

Le vieux moule est brisé, et c'est, comme il arrive presque toujours en ce monde, une révolution radicale qui a secoué le joug du passé. On a quitté brusquement l'Olympe pour la terre, et substitué à l'antique hexamètre une forme plus précise et plus nette à coup sûr, mais moins, beaucoup moins harmonieuse. Il s'agit de reconstruire sur de nouvelles bases et de nouvelles combinaisons la mélodie lyrique, si audacieusement entamée par Archiloque. Mille poètes inspirés s'emploient à cette œuvre, chacun suivant sa nature et son génie. Alcée, de Mitylène, Sapho, sa contemporaine, née à Lesbos comme lui, donnent leur nom à deux espèces particulières de vers et de strophe lyrique. Callinus et

(1) Horace, *Art poétique*, v. 79.

Tyrtée appliquent à la poésie guerrière et Mimnerme à la poésie amoureuse le distique élégiaque, dont l'inventeur est inconnu. *Adhuc sub judice lis est*, nous dit Horace. D'autres espèces de vers portent les noms d'Anacréon, d'Asclépiade, de Phaleucus, de Glycon, etc. La strophe enfin est créée avec son inépuisable variété. Alors seulement le style poétique est complet; alors seulement il a toute sa force, toute sa puissance, toute sa fécondité, tous ses moyens. Ce n'est plus un même vers indéfiniment répété qui constitue dans chaque poème l'harmonie propre à la poésie; c'est désormais toute une phrase musicale, composée de mètres variés et variables à l'infini, qui embrasse la pensée dans son ensemble et lui fait un cadre à la fois souple et déterminé. On pourra par la suite introduire dans la strophe des combinaisons différentes; mais, du jour où elle est inventée, elle donne au style poétique toute son étendue et le met en possession de toutes ses ressources.

Ainsi, dès le début, le vers isolé, presque toujours sentencieux, et bornant toute son harmonie à lui-même; puis la phrase, d'abord simple, ensuite compliquée de mouvements et de rapports multiples; enfin la strophe, qui ajoute à l'harmonie du vers et de la phrase cette harmonie plus savante et plus accentuée qui résulte du mélange des mètres et du retour périodique des mêmes combinaisons rhythmiques. L'imitation de la Grèce par Rome, et des deux littératures classiques de l'antiquité par tous les peuples de l'Europe moderne, a pu changer parfois, au moins en apparence, cette succession de faits; mais partout où l'on peut surprendre à son origine le développement naturel du style poétique, il suit à peu de chose près les mêmes lois.

Il en est de la prose comme du vers, qui la précède dans l'ordre de production, et pour les causes que j'ai dites. Moins les peuples sont civilisés, plus ils ont besoin d'introduire dans le langage destiné à être conservé par l'écriture, ou simplement par la transmission orale, cette sorte d'harmonie qui s'attache toujours au mécanisme du vers, si grossier, si rudimentaire qu'on le suppose Mais dès que la prose apparaît, elle offre dans son développement successif des phases analogues, sinon de tout point semblables à celles qui se produisent dans l'histoire du style poétique.

Partout les premiers ouvrages en prose furent des chroniques. Le style du récit est le plus simple, le plus naturel et le plus facile de tous. On ne voit au commencement que des propositions indicatives, qui se suivent sans s'unir et s'enchaîner, et dont l'ensemble mérite à peine le nom de phrase. La phrase se montre ensuite ; mais c'est d'abord pour s'étendre, se prolonger, se perpétuer sans fin. Rien ne la fixe, rien ne la circonscrit, rien ne l'arrête ; elle flotte avec la pensée et devient trop longue après avoir été trop courte. Le plus souvent même les deux défauts subsistent à côté l'un de l'autre ; mais, qu'elle soit brève ou diffuse, la phrase atteste également la prolixité du style (1). Peu à peu cependant elle se

(1) Voyez les vieilles chroniques, soit italiennes, soit espagnoles, soit françaises. Après une longue suite de phrases commençant invariablement par *et*, sans que l'auteur s'aperçoive de la monotonie qui en résulte, arrive souvent une phrase interminable, comme celle-ci, par exemple, que je prends dans la *Chronique* de Jean Villani :

« Avvenne, come piacque a Dio, che al tempo del buono Carlo magno imperadore di Roma e re di Francia, di cui addietro

resserre ; les contours se dessinent, les articulations se détachent et se mesurent, les nombres se combinent, les désinences se fixent, le tissu du style s'affermit et se condense, et la période existe. A ce moment seul la prose acquiert la plénitude de ses moyens d'expression et sa plus complète harmonie. Mais comme le style poétique n'atteint ce point su-

avemo fatta lunga memoria, dappoich'ebbe abbattuta la tirannica superbia de' Longobardi e de' Saracini, e degl'infedeli di santa Chiesa, e messa Roma e lo'mperio in buono stato e in sua libertà, siccome addietro è fatta menzione, certi gentili e nobili del contado di Firenze, che si diceano che caporali furono, i filii Giovanni, i filii Guineldi, e i filii Ridolfi, stratti degli antichi nobili cittadini della prima Firenze, si congregarono insieme con quelli cotanti abitanti del luogo ove fu Firenze, ed altri loro seguaci abitanti nel contado di Firenze, e ordinaro di mandare a Roma ambasciadori de' migliori di loro a Carlo imperadore, e a papa Leone, e a' Romani, e così fu fatto, pregandogli che si dovessono ricordare della loro figliuola la città di Firenze, la quale fu guasta e distrutta da Goti e Vandali in dispetto de' Romani, acciocch' ella si rifacesse, e che a loro piacesse di dare forza di gente d'arme a riparare i Fiesolani e loro seguaci nemici de' Romani, che la città di Firenze non lasciavano redificare. »

(Lib. III, cap. 1.)

Villani écrivait sa *Chronique* quelques années à peine avant que Boccace écrivît son *Décaméron*. On peut comparer.

prême que dans le genre lyrique, la prose n'y arrive qu'avec l'entier développement de l'éloquence, sous quelque forme qu'elle se produise.

Ainsi la période est à la prose ce que la strophe est à la poésie. Dans la poésie tout est réglé, déterminé, arrêté d'avance ; les mesures sont comptées, soit dans le vers pris à part, soit dans ces combinaisons de mètres différents qu'on nomme strophe; dans la prose tout est libre, le nombre et la quantité des syllabes, le nombre et la longueur des membres dont se compose la phrase; et d'une phrase à l'autre tout varie, tout se modifie, tout change. Aussi les Anciens appelaient-ils la prose le discours libre, *soluta oratio*. Toutefois, au milieu de cette liberté absolue, la période est une forme relativement déterminée, puisqu'elle introduit dans les divisions de la phrase un certain ordre symétrique, une certaine proportion qui correspond évidemment à l'enchaînement régulier des vers dans la strophe.

L'histoire littéraire de la Renaissance nous présente sur ce point une remarquable coïncidence.

Le premier prosateur des temps modernes est Boccace. Il continue et complète l'œuvre nécessaire de Dante, non pas seulement pour l'Italie, mais pour l'Europe entière. Sans doute il y a dans chaque nation moderne une sève propre qui se fût développée tôt ou tard; mais on ne peut nier que Boccace n'ait, par son influence, hâté partout ce développement et ne l'ait modifié dans un certain sens. Ainsi l'Espagne avait, dès le XIIIe siècle, un livre écrit d'un style simple, mâle et ferme, les *Partidas*, du roi Alphonse, onzième du nom; mais cette prose, d'un caractère vraiment viril et tout à fait digne du génie de ce noble peuple qui luttait avec tant d'énergie contre les Maures, est encore monotone et raide; elle a déjà les qualités austères du style; elle n'a pas ces qualités plus douces et non moins précieuses, la variété, la souplesse et l'élégance. Ni Don Juan Manuel, ni Don Lopez de Ayala, qui écrivent au siècle suivant, ne font faire des progrès sensibles à la prose espagnole. Il faut venir au XVe siècle et au marquis de Santillana, pour y reconnaître cette allure souple, élégante et animée, qui fait la valeur et le charme de la prose. Mais Boccace a passé par là. Santillana lui-même constate cette influence de l'Italie sur l'Espagne en réunissant, dans la *Préface* de ses œuvres, les noms de Dante, de Pétrarque et de Boccace (1). On peut donc affirmer, sans craindre d'aller trop loin, qu'avant Boccace les langues néo-latines ignoraient encore à peu près l'art de construire une phrase, de lui donner du nombre et de l'harmonie, d'en dessiner hardiment ou d'en assouplir les contours. Eh bien! en même temps qu'il crée la prose littéraire, il crée ou tout au moins perfectionne l'octave, en appliquant au récit poétique cette stance ou strophe lyrique, qui va devenir l'instrument mélodieux de

(1) « Despues de Guido é Arnaldo Daniel, Dante escribió en tercio rimo elegantemente las sus tres comedias *Infierno, Purgatorio, Paraiso*. Micer Francisco Petrarca sus *Triunfos*. Checo Dáscoli (Cecco d'Ascoli) el libro *de Proprietatibus rerum* (sans doute *l'Acerbo* ou *Acervo*). Johan Bocacio el libro que *Ninfal* se intitula, aunque ayuntó á él *prosas de grand eloqüencia*, á la manera del Boecio Consolatorio. » Ce qu'il nous importe surtout de remarquer dans ce passage, c'est cette grande éloquence que l'écrivain espagnol accorde à la prose de Boccace. Une prose éloquente veut dire pour lui, comme pour nous, une prose élégante et nombreuse, assez riche de tours et assez variée d'expressions pour se prêter à tous les mouvements de la pensée ou du sentiment. C'est ce qui manquait encore à l'Espagne avant le XVe siècle.

l'épopée méridionale. Guidé par l'instinct du génie, Boccace allait tout droit et du même coup au point culminant de la prose, dans la période, de la poésie, dans la strophe.

Si l'on y réfléchit quelques instants, on verra bientôt que ce rapprochement ne s'appuie pas seulement sur des rapports extérieurs et superficiels, mais qu'il tient à des causes psychologiques et ressort du fond même des choses. Quel est celui des genres, soit en vers, soit en prose, où l'inspiration personnelle de l'écrivain agit avec le plus d'intensité et de vigueur? C'est le genre lyrique, pour le vers; c'est, pour la prose, le genre oratoire. Le poète lyrique et l'orateur se rencontrent et se touchent par des points essentiels, comme ceux qui rattachent le poète épique à l'historien et le poète didactique à l'écrivain philosophique. Ceux-ci racontent des faits ou exposent des idées, c'est-à-dire qu'habituellement ils *parlent;* des deux autres, le poète et l'orateur, le premier *chante*, le second *déclame*, deux choses équivalentes en ce qu'elles résultent de la même disposition de l'âme.

Il y a beaucoup de rapports entre Pindare et

Bossuet, qu'on me permettra de prendre pour exemples. Ce sont des génies du même ordre et de la même valeur sous des formes en apparence bien différentes. Ils savent être tour à tour familiers et solennels, calmes et impétueux, simples et sublimes. L'un fait des odes, il est vrai, l'autre des oraisons funèbres; mais leur inspiration vient de la même source et se traduit au dehors par des procédés de style dont l'analogie me semble frappante. En effet, plus le mouvement de l'âme dans la composition est ou doit être rapide, plus le style admet de figures, quel que soit leur genre, qu'elles se rapportent à la couleur, au dessin ou au mouvement. Toutes les harmonies se fondent alors dans le langage du poète et de l'orateur; les formes qu'on croirait les plus difficiles leur viennent naturellement et sans effort par la seule impulsion du sentiment intérieur; les strophes s'envolent aussi rapidement de l'esprit du poète que si elles avaient des ailes; les périodes coulent, comme des flots, des lèvres de l'orateur, pleines, variées, symétriques et sonores. Plus l'inspiration monte, plus les formes musicales du style, soit vers, soit prose, montent aussi de degrés en degrés vers la souveraine harmonie.

Je ne vais donc pas trop loin en disant que la strophe est la période de la poésie, comme la période est la strophe de la prose. Elles représentent le même degré de développement dans ces deux formes générales du langage; elles correspondent à des mouvements analogues dans l'âme de l'écrivain ; elles mettent également son inspiration personnelle en dehors, surtout à certaines époques de l'histoire littéraire où le poète lyrique chante publiquement ses vers, comme l'orateur déclame ses discours.

Ces rapports semblent avoir été saisis par Malherbe, cet homme qui a travaillé si scrupuleusement et, à certains égards, si profondément la langue poétique. Quand on lui parlait de la prose périodique, il disait en riant : « Ce sont des vers. » Malherbe avait raison. La période étant le plus haut point d'harmonie où puisse aboutir la prose et admettant d'ailleurs des divisions symétriques, des nombres, un rhythme enfin, elle touche à la forme mesurée autant qu'il est possible d'y toucher sans s'y confondre entièrement. Malherbe au reste devait s'y connaître mieux que personne, car cette admirable stance de dix vers, qu'il a si habilement maniée et si artistement coupée pour le sens et pour l'oreille, n'est, à vrai dire, que la période poétique dans toute sa perfection (1).

De ces rapports entre la poésie et la prose, il ne faut pas conclure qu'il n'y a entre elles d'autre différence que la mesure, dont l'une se sert et dont l'autre s'affranchit. Elles diffèrent bien plutôt par le fond que par la forme. On est poète par l'imagination et le sentiment, en vers ou en prose, il n'importe. Chez tous les peuples on a dit en vers des choses très-prosaïques et en prose des choses très-poétiques. Hérodote n'est guère moins poète qu'Homère; Platon l'est autant qu'on peut l'être. D'un autre côté, Lucrèce eût pu écrire en prose son *Poëme de la Nature*, comme Fénelon eût pu

(1) On remarquera dans cette stance l'emploi habituel des vers de sept ou de huit syllabes. Ces vers n'ont pas comme l'hexamètre une harmonie particulière, qui subsiste même quand ils sont isolés; ils ont besoin, pour produire un effet musical, d'être enchaînés les uns aux autres dans une phrase achevée, et c'est pour cela qu'ils sont si favorables au développement de la période poétique.

écrire en vers son *Traité de l'existence de Dieu*, et Molière n'eût pas écrit en vers une seule de ses comédies que nous le rangerions encore parmi les plus grands poètes qui aient jamais existé. Le récit poétique se passe au besoin de la forme mesurée : nous en avons chez nous la preuve dans le *Télémaque* et les *Martyrs*. Le drame s'en passe mieux encore. Ce n'est pas pour rien sans doute que les Anciens consacraient l'*iambe* au dialogue et que les modernes ont si fréquemment, dans leurs œuvres destinées à la scène, secoué le joug de la rime (1). Madame de Staël a fait remarquer avec raison que

(1) Je ne veux pas dire que la poésie dramatique *doive* répudier le vers ; je dis seulement qu'elle le *peut*, sans cesser d'être de la poésie. Dans tous les temps où l'art sera respecté, l'harmonie du style sera quelque chose, même au théâtre. Ce n'est pas ici le lieu de traiter à fond cette question, qui a bien son importance. Un des littérateurs les plus distingués de l'Espagne contemporaine, M. Breton de los Herreros, l'a traitée avec beaucoup d'esprit dans un discours de remerciement adressé à l'Académie espagnole. Il se prononce très-décidément pour l'emploi du vers à la scène, et il est autorisé à le faire, pouvant joindre à ses idées, comme critique, son expérience et ses succès, comme poète dramatique.

(Voyez *Apuntes para una biblioteca de escritores contemporáneos*, vol. 1, p. 119 et suiv.)

nos meilleurs poètes lyriques, *en France*, *ce sont peut-être nos grands prosateurs*, *Bossuet*, *Pascal*, *Fénelon*, *Buffon*, *Jean-Jacques*, *etc* (1). On pourrait citer, à côté de ces noms illustres, ceux de saint Chrysostome, de saint Basile, de saint Augustin, de sainte Thérèse, de Châteaubriand, de madame de Staël elle-même, et d'autres prosateurs, soit de notre siècle, soit des siècles passés, qui ont porté au plus haut point ce qu'il est permis d'appeler l'éloquence lyrique du style.

Serait-il donc possible à la rigueur de rejeter la versification sans qu'il manquât rien pour cela à l'expression du sentiment ou de la pensée? Non certes. Le vers ne se fût pas produit si spontanément chez toutes les nations, ne se fût pas développé si naturellement à toutes les époques, plus ou moins distinct de la prose, il est vrai, mais toujours appréciable, s'il n'eût tenu au fond même de notre nature. Il y a tout à la fois dans l'homme un besoin de pensée et d'harmonie, que ni la plus belle prose, d'une part, ni la plus belle musique, de l'autre, ne sauraient pleinement satisfaire. Outre qu'il est dou-

(1) *De l'Allemagne*, ch. IX de la 2e Partie.

teux que la prose eût jamais atteint sa perfection, si elle n'eût été préparée par cette longue et féconde élaboration des rhythmes poétiques, notre âme aussi réclame, en certains moments d'inspiration et d'enthousiasme, une forme de langage qui réunisse dans un accord suprême les sons harmonieux de la musique et l'expression la plus haute du sentiment et de la pensée. On peut être en prose un très-grand poète, comme Platon et Bossuet, à la condition toutefois de n'exprimer jamais certaines émotions, certaines ivresses, certains délires, si l'on veut, qui rendent nécessaire l'emploi des formes de style, non-seulement les plus éloquentes, mais les plus mélodieusement musicales. Quand cette sorte d'inspiration agit avec toute sa force, ou l'on n'écrit pas, ou l'on écrit en vers; et si, par hypothèse, un poète vraiment inspiré ignorait l'art de la versification, dans de tels moments à coup sûr, plutôt que de traduire en prose ce qu'il éprouve, il inventerait une versification qui lui fût propre, dût-elle n'être qu'une grossière ébauche de la véritable harmonie poétique.

Le vers a donc en nous sa nécessité; s'il n'est

pas toute la poésie, il est l'interprète obligé d'une certaine poésie, et l'on ne pourrait le supprimer sans retrancher quelques cordes à cet instrument mélodieux qui a été donné à l'homme pour produire au dehors ce qu'il sent et ce qu'il pense.

CHAPITRE XI.

DE LA STROPHE CHEZ LES ANCIENS ET CHEZ LES MODERNES.

—

J'ai donné jusqu'à présent le nom de *strophe* indifféremment aux divisions périodiques de la poésie lyrique chez les Anciens et chez les Modernes. Peut-être serait-il plus exact de réserver ce nom à l'ode grecque et latine, et d'appliquer tout simplement le nom de *stance*, comme l'ont fait les Italiens, à l'ode chrétienne, quelque nom d'ailleurs qu'elle ait reçu chez les divers peuples de l'Europe. Il y a en effet entre la strophe et la stance des différences profondes, indiquées au reste par le sens même des mots qui les désignent. Tout le monde sait que strophe veut dire *tour*, et que stance veut dire *repos*.

L'ode grecque ne se chantait pas seulement; elle se jouait, elle se dansait. Les divisions que nous connaissons sous les noms de *strophe*, d'*antistrophe*, d'*épode*, ne s'appliquent évidemment qu'aux mouvements du chœur, c'est-à-dire de la danse. Ce qui le prouve, c'est que le sens ne s'arrête pas avec la strophe et qu'il n'est même pas nécessairement suspendu; qu'au contraire, bien souvent, dans Pindare, comme dans les autres lyriques grecs, comme dans les chœurs des tragédies et des comédies, on passe d'une strophe à l'autre sans que rien vous en avertisse, si ce n'est l'indication qui se trouve en tête de chaque division de l'ode, et peut-être une combinaison métrique, restée jusqu'ici, à ce qu'il semble du moins, fort incertaine, même pour les plus érudits. Il n'y a pas non plus dans la strophe de Pindare, pour m'en tenir à ce poëte, des coupes régulières qui se reproduisent dans toutes les divisions semblables de la pièce, ce qui serait de toute nécessité si ses odes s'étaient chantées sur un air déterminé, correspondant à chaque strophe particulière. Cependant Pindare indique assez lui-même qu'il composait la musique aussi bien que les paroles. Il semble y avoir là une difficulté insurmontable. Du moins n'a-t-elle pas été complètement tranchée jusqu'à ce jour. D'estimables travaux ont paru chez nous, où l'on résume les savantes recherches de l'érudition allemande, si active, si patiente, si audacieuse en pareille matière (1); mais on n'a pas répondu, que je sache, d'une manière satisfaisante à tous les doutes qui peuvent se présenter. La solution pourtant ne serait-elle pas beaucoup plus facile et plus simple qu'on ne se l'est imaginé; et n'a-t-on pas, comme cela arrive trop souvent, augmenté les obscurités par trop de raffinement et de science?

De quoi s'agit-il en effet?

De savoir si Pindare composait pour chacune de ses odes un air particulier s'épuisant avec la combinaison de mètres dont la strophe est formée et revenant chaque fois que revient cette combinaison;

(1) Voyez particulièrement le *Discours* que M. Colin a mis en tête de sa traduction de Pindare.

ou s'il y appliquait simplement une sorte de déclamation notée ou de psalmodie, d'un caractère musical conforme à celui des paroles, et assez flexible pour se prêter également à des phrases longues ou courtes.

Dans la première hypothèse, il faudrait que les strophes — quand la strophe est seule — et, dans tous les autres cas, que ces groupes de trois divisions désignées sous les noms de *strophe*, d'*antistrophe* et d'*épode*, fussent invariablement sur le même air, et par conséquent que le sens, s'il ne s'arrêtait pas après la strophe ou l'antistrophe, s'arrêtât du moins après l'épode. Or, il n'en est pas ainsi dans Pindare, puisqu'il lui arrive de laisser après l'épode quelques mots ou même un mot unique, qui termine le sens et commence la strophe suivante (1). Il faudrait aussi, pour que cette supposition fût possible, qu'il y eût dans tout le cours de l'ode des coupes de phrases régulières, symétriques, correspondant aux divisions de la phrase musicale, ainsi que nous le voyons tous les jours dans notre poésie

(1) Voyez *Olymp.* VIII, str. 2, *Pyth.* II, str. 4, *Pyth.* IV, str. 10, etc., etc.

chantée. Tout au contraire, Pindare se donne la plus grande liberté dans la composition de ses phrases, tantôt longues, tantôt courtes, selon que l'exige la pensée, selon que l'inspiration le pousse. Il agit bien plus en orateur qui déclame qu'en poète qui s'astreint au rhythme musical, tel que nous l'entendons aujourd'hui. Voilà pourquoi je l'ai comparé plus haut à Bossuet, avec qui il offre en effet de frappantes analogies, pour quiconque du moins va droit au fond des choses sans se laisser détourner du vrai par des apparences souvent trompeuses. Il est donc impossible d'admettre cette première hypothèse, que tout vient contredire.

Dans la seconde hypothèse, au contraire, tout s'explique, à ce qu'il me semble, avec facilité. Le poète suit librement son inspiration, et son style n'admet aucune limite qui puisse l'entraver dans sa rapide et fière allure. Il n'a qu'une obligation, c'est d'observer le mètre qu'il a une fois adopté, nonobstant la longueur ou la brièveté de ses phrases. Sauf cette restriction, sans laquelle il n'y aurait pas de vers, il est aussi indépendant que l'orateur. Son chant est une déclamation rhythmique, rien de plus, quelque chose d'analogue peut-être au récitatif de nos opéras ou à la psalmodie de nos églises. La musique l'accompagne et ne l'asservit pas. Que ce soit la lyre ou la flûte, ou toutes les deux ensemble, qu'il chante lui-même son œuvre ou la fasse chanter par d'autres, la musique n'a, quant au chant, qu'un seul but, qu'une seule fonction, c'est de soutenir la voix, de lui donner la mesure et le ton. Il peut alors sans nul inconvénient enjamber d'une strophe sur l'autre. Les danseurs n'ont pas besoin, pour accomplir leurs évolutions que le sens continue ou s'arrête; leurs pas sont réglés par le nombre des mesures et par le rhythme, non par la coupe des phrases.

Ce qu'on nomme la strophe dans Pindare s'applique donc purement et simplement aux chœurs de danse, à leurs tours et retours, à leurs mouvements réguliers, et nullement aux combinaisons d'harmonie propres à la poésie. Ce qui nous reste des autres lyriques grecs, ce que nous voyons des chœurs tragiques et comiques doit nous confirmer dans ces conclusions. Ils se donnent tous, Horace comme les autres, autant ou presque autant de liberté que Pindare pour l'enjambement d'un vers sur l'autre, d'une strophe sur l'autre, souvent même aux dépens d'un mot coupé en deux, ce qui n'eût pas eu lieu sans doute s'ils eussent dû se soumettre aux exigences de la phrase musicale, au lieu de suivre simplement une sorte de mélopée ou de récitatif. On a donc eu tort, selon moi, de ne pas séparer assez deux choses distinctes, la période poétique et la strophe, et de conclure perpétuellement de l'une à l'autre. De cette confusion sont nées la plupart des difficultés dont on s'est embarassé si longtemps et dont l'explication que j'essaie me paraît devoir écarter tout au moins quelques-unes. Au reste, qu'on lise sans prévention Pindare dans le texte grec, en ne faisant attention qu'à l'harmonie oratoire, si je puis ainsi dire, de ses phrases, on s'apercevra bien vite que, s'il est astreint à l'emploi régulier de certains mètres qu'exige impérieusement la poésie, du moins il développe généralement ses pensées à la manière libre de l'orateur.

Les poètes modernes, dès les premiers temps de la Renaissance, ont suivi un procédé tout différent.

Il s'en faut de beaucoup qu'ils aient, là comme ailleurs, la même indépendance que les poètes de l'antiquité. Les Anciens, les Grecs du moins, pour chaque genre avaient un mètre particulier, et il n'était guère permis au poète de s'écarter de la règle prescrite. L'hexamètre, l'iambe, le distique élégiaque, ne s'employaient pas indifféremment pour tel ou tel genre suivant le goût ou la fantaisie du poète. On avait des vers propres au récit *(épos)*, des vers propres au chant *(mélos)*; l'iambe servait à l'action ; chaque mètre enfin avait sa destination fixe. Mais, en se renfermant dans ces prescriptions et ces limites, le poète était libre d'ailleurs de se mouvoir à son aise sans qu'aucune règle inutile vînt entraver ou retarder sa marche. Cette liberté, si favorable à l'expansion du génie, a contribué sans doute à augmenter les incertitudes et les nuages qui flottent sur ces questions.

Il n'en est pas ainsi de la *stance* chez les Modernes. Elle affecte de très-bonne heure des formes compliquées, d'étroites règles, d'inviolables lois. Soit dans la *Canzone*, soit dans le sonnet, ces deux modes principaux de la poésie lyrique en Italie, on rencontre des combinaisons savantes de mesures et de rimes. La première, dans les plus anciens poètes italiens, et aussi dans Pétrarque, qui lui donne toute sa perfection et sa souplesse, se plaît au croisement, et, si je puis dire, à l'enchevêtrement des rimes; le second, plus sévère encore, n'admet qu'un certain nombre de vers et de rimes, qu'il faut absolument atteindre et qu'il n'est pas permis de dépasser. La poésie épique elle-même, au lieu de s'enchaîner à l'imitation des poètes grecs et latins, se crée une forme nouvelle, ici plus énergique, là plus douce, mais toujours flexible, soit le tercet avec Dante, soit l'octave avec Boccace. Aussi en Italie, comme jadis en Grèce, on chantait l'épopée, non moins populaire à cette époque qu'elle ne l'avait été dans les siècles qui suivirent Homère. Les vers de Dante étaient chantés de son vivant, comme on chanta plus tard ceux de l'Arioste et du Tasse. Nous en avons une preuve piquante dans une anecdote racontée par un nouvelliste italien du XIVe siècle, Franco Sacchetti, et déjà rapportée par Ginguené dans son *Histoire littéraire de l'Italie*. Je demande la permission de la raconter à mon tour.

Dante, passant dans une rue de Florence, entend un forgeron qui chante ses vers tout en travaillant et les martelle aussi durement que le fer sur l'enclume. Le poète, indigné de voir ainsi estropier son œuvre, entre dans la boutique du forgeron, jette dans la rue son marteau, ses tenailles, et tous les outils qui la garnissent. « Êtes-vous fou? lui dit l'artisan, fort ému à son tour. Pourquoi me gâtez-vous mes outils? — Pourquoi me gâtes-tu les miens? lui répond le poète. — Qu'est-ce donc que je vous gâte? — Tu chantes mon livre, et tu ne le dis pas comme je l'ai fait; je n'ai pas d'autre métier, et tu me le gâtes. » Le forgeron, ne trouvant rien à répondre, ramassa toutes ses ferrailles, et s'il voulut chanter, ajoute le vieux conteur, il chanta désormais les aventures de Tristan et de Lancelot, et laissa reposer le Dante (1).

J'admire autant qu'il faut le poétique emportement du vieux Florentin; mais je crois qu'au fond il avait tort de n'avoir pas mieux coupé ses vers pour le chant — si toutefois il voulait qu'ils fussent chantés — en n'y introduisant pas des stances ré-

(1) *Novellieri italiani*, p. 268, éd. Baudry, 1847.

gulières ou des repos fixes. Il est vrai que dans tous les cas il ne les avait pas destinés à être accompagnés par les notes un peu dures de la musique particulière aux forgerons. Il ne les avait pas faits non plus pour servir d'encouragement à des ânes, comme nous le raconte Sacchetti dans une autre nouvelle, nous montrant, cette fois encore, le poète saisi d'une légitime indignation en entendant un asnier entrecouper les vers de son poème du cri habituel aux gens qui conduisent ces animaux têtus, mais peu sensibles aux charmes de l'harmonie poétique (1).

Vraiment, on en conviendra, Dante avait du malheur. Il était aussi trop susceptible. Encore une fois l'énergie concise de ses vers n'allait pas plus au chant que l'entrelacement indéfini de ses rimes, qui, par la condition même de la *terza rima*, enjambent sans cesse d'un tercet sur l'autre. On les chantait cependant, comme on chantait auparavant les aventures rimées de Tristan et de Lancelot. C'est là un fait capital, qui nous fournit peut-être la véritable cause de l'introduction de la stance dans la poésie

(1) Ibid. p. 269.

narrative chez les Italiens, et bientôt, par imitation, chez les Espagnols et les Portugais. C'est que l'épopée méridionale, toute romanesque de tendances, est, à ce titre seul, essentiellement lyrique. Le grand poète romancier de notre siècle, Byron, tout lyrique aussi par sa nature et son génie, a repris l'usage des stances de huit ou de neuf vers dans la narration épique. Wieland, imitant l'Arioste, en avait fait autant dans son poème d'*Oberon*. Il y a là une nécessité qu'on subit, sans peut-être s'en douter soi-même, ou, si l'on aime mieux, une convenance à laquelle on se conforme naturellement. Et que seraient donc les formes du style, si elles n'étaient pas l'expression de quelque chose d'essentiel? Elles seraient de vains caprices, de pures fantaisies du poète. Or, il n'en est rien; toute l'histoire des littératures le prouve.

J'ai parlé ailleurs du sonnet et de son importance relativement à la poésie française. Il est certain qu'il contient toutes nos stances lyriques, et qu'en le cultivant avec prédilection, Du Bellay, Ronsard, et les autres écrivains de la Pléiade, ont préparé par là même toutes les améliorations qui devaient s'introduire bientôt dans notre phrase poétique. Le sonnet, à vrai dire, n'est qu'une période harmonieusement développée, savamment coupée et presque toujours énergiquement terminée par le trait final. Il en est de même de la stance de dix vers, période à trois membres, comme le sonnet est une période à quatre membres; ce sont des formes poétiques d'une admirable souplesse dans leur imposante régularité. Il ne faut pas oublier, pour être juste, que ce travail sur les stances a précédé l'introduction du nombre et du rhythme dans notre prose et que toute cette invention de formes, peu productive peut-être en fait de véritable et grande poésie, a eu du moins pour principal résultat le perfectionnement de cette belle langue philosophique et oratoire que nous admirons dans Descartes, Pascal et Bossuet.

Une chose à remarquer encore, c'est que Ronsard, tout en se faisant grec, autant qu'il le peut, dans ses odes imitées de Pindare, emprunte cependant à la *canzone* italienne la plupart des formes dont il revêt ses strophes, antistrophes, épodes, qui n'ont de grec et de pindarique que le nom (1). La même chose avait lieu en Espagne au XVIe siècle, et l'ode imitée des Anciens y prenait forcément la marche et le caractère de la *canzone*, tandis que la pastorale, déjà lyrique au fond, le devenait aussi dans la forme (2).

Parmi les causes qui ont donné à la stance moderne une fixité de dessin et une netteté d'harmonie qui n'ont jamais existé dans la strophe antique, il faut compter l'usage invariable de la rime, quelle

(1) Il y a cependant chez les poètes italiens un certain croisement de rimes que Ronsard se garde bien d'imiter, quoique lui-même ne soit pas encore très-scrupuleux sur l'emploi alternatif des rimes masculines et féminines. On ne trouve pas dans Ronsard, par exemple, des rimes croisées comme celles-ci :

Italia mia, benchè 'l parlar sia indarno
Alle piaghe mortali
Che nel bel corpo tuo sì spesso veggio,
Piacemi almen che i miei sospir sien quali
Spera 'l Tevero e l'Arno,
E'l Po dove doglioso e grave or seggio.

(Pétrarque, *canz.* XVI.)

(2) Sannazar avait donné l'exemple en Italie, en adoptant pour quelques-unes de ses églogues les formes particulières de la *canzone;* il fut bientôt imité en Espagne par Garcilaso, Francisco de la Torre, etc.

que soit d'ailleurs son origine, qu'elle vienne du Nord avec les Barbares ou de l'Orient avec les Arabes, ou de l'une et de l'autre tout à la fois de ces deux sources. En se croisant en divers sens, suivant les sujets ou le sentiment du poète, mais dans un ordre régulier et toujours le même pour chacune des stances d'un même ouvrage, soit lyrique, soit épique, la rime, *cette image de l'espérance et du souvenir*, comme dit madame de Staël, frappe l'oreille avec une sorte de précision mathématique par le retour réglé des mêmes consonnances, et défend au poète de négliger les repos nécessaires, sous peine de violer les lois de l'harmonie et conséquemment de la poésie. Le rhythme des Anciens, infiniment plus riche en combinaisons métriques, et dégagé de ces limites tout extérieures que la rime impose à chaque vers isolé comme à l'ensemble de la stance, coulait plus rapide, plus libre, plus intérieur, s'il m'est permis d'ainsi parler, et n'arrivait jamais à ces divisions strictement symétriques qui font la plus grande part des beautés, et, il faut le dire, des inconvénients de la forme lyrique chez les Modernes. Il en résulte parfois chez nos poètes une certaine monotonie, dont la cause est trop évidente pour avoir besoin d'être expliquée; mais ils y puisent aussi certaines ressources dont les Anciens n'ont guère usé, bien qu'elles fussent à leur disposition. Je veux parler de ces harmonieuses et parfois splendides énumérations, qui laissent le sens suspendu après chaque stance pour aboutir à une pensée finale, souvent inattendue, comme dans les longues périodes oratoires.

Tous les poètes lyriques contemporains, sauf peut-être Béranger, ont employé ces artifices de style et en ont tiré de brillants effets, M. Hugo surtout, qui a su leur donner presque toujours une conclusion frappante, ainsi qu'on peut le voir spécialement dans ses *Orientales*. Il est vrai de dire que l'abus se trouve ici bien près de l'usage et qu'on n'a pas toujours su l'éviter, il s'en faut. On s'est enivré de ces harmonies, d'autant plus dangereuses qu'elles sont d'un emploi facile, comme tout ce qui dans le style exige plus d'images que d'idées, et tournent aisément au procédé, au métier, et, pour tout dire, à la puérilité. Néanmoins c'est là une forme précieuse, parfaitement d'accord avec la disposition toute lyrique des poètes contemporains, et qui, sobrement employée, peut donner à l'expression de la pensée ou du sentiment un éclat saisissant et une admirable largeur.

Je viens de dire que Béranger ne s'était pas laissé entraîner par cette forme séduisante, mais trompeuse, de l'énumération lyrique. J'ajoute qu'il ne le pouvait pas. Béranger fait de la poésie chantée, non de l'ode artificielle. Il est donc soumis à certaines lois qui lui interdisent impérieusement le développement de la période oratoire ou poétique. Sa stance doit être coupée d'une certaine façon, le sens de sa pensée doit être suspendu ou arrêté à certains points fixes, d'autant plus que, pour l'ordinaire, il compose ses paroles sur des airs connus ou notés d'avance. Mais qu'il soit entravé par cette circonstance, ou qu'il compose sans avoir en vue un air quelconque, l'effet sera toujours le même; le poète dans les deux cas sera tenu de faire la plus grande attention à la phrase musicale, qu'elle existe déjà ou soit encore à naître. Voilà pourquoi ses stances sont toujours arrêtées rigoureusement où doit s'arrêter la musique; et cette necessité est telle que la chanson a, dans tous les temps, adopté le refrain comme une limite indispensable. C'est le point où la parole et la note se rencontrent et se confondent. L'air s'applique à un seul couplet, et cependant le sens varie avec chacun des couplets. Il est donc nécessaire qu'il y ait au moins à la fin de la stance poétique un retour périodique des mêmes mots et des mêmes sons, qui rappelle la périodicité constante de la stance musicale. C'est sans aucun doute pour suppléer au refrain, qui fût devenu dans un long récit une gêne insurmontable, que l'octave italienne, destinée primitivement à être chantée, se termine par deux vers sur une seule rime. On retrouve là l'équivalent du refrain avec toute la variété et l'aisance d'allure que comporte la narration épique. Que Boccace, en fixant définitivement l'octave, ait songé à cela, je ne voudrais pas l'affirmer; mais qu'il l'ait voulu ou non, il a été dominé par une loi ou par une convenance dont il avait à coup sûr le sentiment, sinon l'idée précise. Au reste, à ne considérer la stance de l'épopée italienne que comme une période, il lui fallait encore une conclusion, et cette conclusion, Boccace l'a rencontrée le premier.

Qu'on le remarque bien d'ailleurs, Béranger est épique par un côté essentiel de son œuvre. Sa chanson tient de l'épopée, comme l'ode de Pindare, comme la *romance* espagnole (1), et se lie à l'épopée italienne par la conformité de ses couplets, qu'un refrain termine, avec l'octave, qui s'appuie à la fin sur deux rimes. Un grand nombre de ses plus belles chansons ne sont autre chose que des récits. Or, dans tous les temps et dans tous les pays, la poésie populaire aime le récit, et toute poésie populaire se chante.

Les grands poëtes lyriques contemporains sont presque toujours impropres à être chantés. Ils ont mis leur musique dans leurs vers, dans le développement harmonieux de leurs stances, soit isolées, soit groupées, ou même ils ont recherché, comme je l'ai dit plus haut, une autre sorte d'harmonie

(1) Je conserve à ce mot le genre que nous lui donnons en français, bien qu'on dise en espagnol *el romance*, le romance. Il ne signifie pas tout à fait la même chose dans les deux langues ; mais la différence n'est pas telle qu'il soit nécessaire de choquer l'oreille par un changement de genre, inutile à ceux qui savent, plus inutile à ceux qui ne savent pas, et gênant pour tout le monde.

dans l'emploi de la couleur et du dessin. J'en dirai autant des lyriques qui appartiennent aux époques classiques de notre littérature. Par le soin minutieux qu'a pris Malherbe, après Ronsard et du Bellay toutefois, d'imprimer une forme correcte et précise à la stance ou strophe française, il préparait bien plutôt de grands prosateurs que de grands poètes populaires. Malherbe travaillait à construire un cadre harmonieux pour une pensée sévère, mais il se souciait assez peu qu'on pût ou non tirer parti pour la musique de ses habiles combinaisons. C'est dans quelques-uns de ses contemporains, victimes de Boileau pour la plupart, qu'il faut chercher la trace de ces sortes de refrains négligés ou proscrits par Malherbe. Ainsi Saint-Amant, dans son ode sur la *Solitude*, terminant la stance par deux vers sur une seule rime, à la manière des Italiens et des Espagnols, et contrairement aux habitudes de la stance classique, atteint parfois à des effets de style d'une remarquable énergie. On en verra un exemple à la fin de la seconde des deux stances que je vais citer :

L'Orfraie, avec ses cris funèbres,
Mortels augures des destins,
Fait rire et danser les lutins
Dans ces lieux remplis de ténèbres.
Sous un chevron de bois maudit
Y branle le squelette horrible
D'un pauvre amant qui se pendit
Pour une bergère insensible,
Qui d'un seul regard de pitié
Ne daigna voir son amitié.

Aussi le ciel, juge équitable,
Qui maintient les lois en vigueur,
Prononça contre sa rigueur
Une sentence épouvantable.
Autour de ces vieux ossements
Son ombre, aux peines condamnée,
Lamente en longs gémissements
Sa malheureuse destinée;
Ayant, pour croître son effroi,
Toujours son crime devant soi.

Ces deux derniers vers sur une rime forment une image vraiment lugubre, qu'on n'eût jamais pu produire avec les combinaisons de la stance classique de dix vers, plus arrondie et plus pleine dans sa terminaison, mais assurément moins frappante et moins forte. L'emploi de ce rhythme final donne à toute cette ode sur la *Solitude*, envisagée au reste par son côté mélancolique et sombre, un caractère d'harmonie on ne peut plus conforme au tour d'imagination du poète, qui a dans l'esprit bien plus d'énergie que de goût.

Les Anciens ont connu ces refrains et les ont employés, soit dans la tragédie, soit dans la pastorale, soit aussi sans doute dans certaines espèces de poésies chantées qui ne sont pas venues jusqu'à nous. Il y en a un exemple admirable dans le chœur des *Euménides*, d'Eschyle, ce noble poète qui semble avoir eu l'instinct profond de tous les genres de sublime. Théocrite a fait l'usage le plus heureux du refrain dans quelques-unes de ses plus belles idylles, et Catulle dans son épithalame de *Thétis et Pélée*. Peut-être même certaines répétitions, fréquentes dans Homère, ont-elles une analogie lointaine avec ces combinaisons particulières du rhythme poétique, sans que toutefois on puisse faire sur ce sujet autre chose que des conjectures.

En résumé, la strophe antique diffère de la stance moderne, bien qu'elles soient l'une et l'autre le plus complet développement et la plus brillante expression de l'harmonie poétique. Chez les Grecs la strophe est indépendante de la phrase, ce que je crois avoir démontré pour Pindare, et ce qui est vrai aussi d'Horace, son imitateur; chez les nations modernes, en Italie, en Espagne, en France, comme aussi en Angleterre et en Allemagne, la stance est en général intimement liée à la phrase et fait corps avec elle. A tout le moins elle ne la contrarie pas, et l'on voit les poètes employer tout leur art à concilier la stance avec la phrase, à les fondre, pour ainsi dire, l'une dans l'autre. Si quelques-uns se donnent sur ce point une plus grande liberté, ce sont des poètes épiques, contraints, comme l'Arioste l'est quelquefois, par les nécessités du récit de passer d'une stance à l'autre après une simple suspension du sens, ou des humoristes qui se plaisent, à l'exemple de Sterne, un de leurs maîtres et de leurs modèles, à violer les règles ordinaires de la phrase, soit en vers, soit en prose, et à la surcharger de parenthèses ou d'incidentes, n'écoutant pour cela que les caprices d'une imagination vagabonde et un besoin d'originalité trop souvent calculée. Mais qu'il s'agisse de l'antiquité ou des temps nouveaux, il est impossible de parler du style poétique sans entrer dans ces questions, qui ne sont pas seulement, comme on pourrait le croire, des questions de formes, mais, ainsi que je l'ai dit plus haut, des questions d'idées, et même, à certains égards, des questions fondamentales.

CHAPITRE XII.

DE LA PÉRIODE DANS SES DIVERSES APPLICATIONS.

La Période, on l'a vu, correspond à la Strophe; elle est à la prose ce que la strophe ou stance est aux vers. Elles admettent l'une et l'autre le plus haut degré de mouvement oratoire et de mouvement lyrique; de plus elles introduisent dans le style l'usage habituel et nécessaire des figures de dessin les plus expressives, l'énumération et l'antithèse, ou symétrie, suivant l'acception dans laquelle j'ai toujours pris ce mot. Elles construisent, au vol rapide de l'imagination, des édifices élégants, fermes, hardis, et qui durent. Au point de vue musical, elles n'ont ni moins d'importance ni moins d'éclat. Ce qui, dans ces deux formes de style, s'élève pour les yeux en dessins brillants, en lignes harmonieuses, charme en même temps l'oreille par de douces mélodies ou des accords savants. Ce sont en un mot, s'il m'est permis de parler ainsi, des constructions sonores.

D'ailleurs la période n'appartient pas seulement au genre oratoire proprement dit. Comme elle tient à la disposition intérieure de l'écrivain, plus ou moins ému de ce qu'il voit, de ce qu'il pense, de ce qu'il sent, elle se rencontre dans les genres les plus divers, non pas d'une manière continue sans doute, mais par intervalles. C'est au reste ce qui arrive dans le genre oratoire, où l'emploi ininterrompu de la période n'aboutirait qu'à une pesante monotonie et à une ridicule emphase.

L'épopée et l'histoire entremêlent la narration de discours, et par conséquent le style y prend en certains cas une marche périodique. Tous les historiens, tous les poètes épiques de l'antiquité sont là pour le prouver. Il y a de beaux discours dans l'*His-*

toire de Florence, par Machiavel; dans la *Guerre de Catalogne*, par Melo (1); dans l'*Histoire de France*, par Mézeray; il y en a de beaux dans la *Jérusalem délivrée*, dans la *Arancana*, surtout dans le *Paradis perdu*, où Milton a montré cette haute et mâle éloquence, fille des luttes politiques et de l'énergique sentiment de liberté. Mais, histoire ou poëme, la forme périodique n'est pas seulement dans la partie oratoire de l'ouvrage; il faut la chercher souvent jusque dans le récit. Elle y apparaît toutes les fois que le poëte et l'historien, obéissant à de fortes impulsions intérieures, laissent éclater dans leur style les divers mouvements qui les agitent : témoin Tacite et sa profondeur passionnée; témoin Milton et sa sublime apostrophe à la lumière; témoin aussi Ercilla, lorsque, arrivé à la fin de ce long poëme où il a raconté ce qu'ont vu ses yeux, ce qu'a supporté son courage, il prend congé du monde, qui ne

(1) On peut lire, comme exemples de noble et virile éloquence, les discours de l'évêque d'Urgel et du député Claris, au 3e livre de cette histoire, trop longtemps oubliée, ainsi que tant d'autres fruits du génie espagnol, et remise en lumière au commencement de notre siècle. On trouve là des choses que l'antiquité ne désavouerait pas.

lui a laissé qu'amertume et misère, et, découragé par l'ingratitude des hommes, se tourne vers Dieu, ce refuge toujours prêt de tant d'espérances trompées! On croirait alors entendre, non plus le poète espagnol, mais Bossuet lui-même, déclarant, avec la double majesté de la vieillesse et du génie, qu'*il réserve au troupeau qu'il doit nourrir de la parole de vie, les restes d'une voix qui tombe et d'une ardeur qui s'éteint* (1).

« Et puisque mon navire, dit Ercilla, ne peut plus être bien loin du but, du terme suprême, de cette fin redoutée et indécise que le plus sage pilote ignore; considérant la brièveté de ce délai, je veux achever de vivre avant d'achever le cours incertain d'une vie incertaine, durant tant d'années fourvoyée et pervertie.

» Car, bien que ce retard soit venu de mon côté, et que pour me réformer j'attende au dernier moment, je sais qu'en tout temps et en tout lieu pour me tourner vers Dieu il n'est jamais trop tard; que jamais sa clémence n'usa d'artifice; et qu'ainsi le plus grand pécheur ne doit point se décourager, puisqu'il a un Dieu si bon, qui se fait un devoir d'oublier l'offense et non le service.

» Et moi qui, avec tant d'emportement, ai donné au monde le temps le plus fleuri de ma vie, et toujours sur le chemin de

(1) Voyez la fin de l'*Oraison funèbre du prince de Condé*.

l'abîme ai suivi mes vaines espérances, maintenant que j'ai vu le peu de fruit que j'en ai tiré et tout ce que j'ai commis d'offenses envers Dieu, reconnaissant mon erreur, désormais je ferai bien de pleurer et de ne plus chanter (1). »

(1) Y pues del fin y término postrero
No puede andar muy lejos ya mi nave,
Y el temido y dudoso paradero
El mas sabio piloto no le sabe :
Considerando el corto plazo, quiero
Acabar de vivir antes que acabe
El curso incierto de la incierta vida,
Tantos anos errada y distraida.

Que aunque esto haya tardado de mi parte,
Y á reducirme á lo postrero aguarde,
Sé bien que en todo tiempo y toda parte
Para volverme á Dios jamas es tarde,
Que nunca su clemencia usó de arte;
Y así el gran pecador no se acobarde,
Pues tiene un Dios tan bueno, cuyo oficio
Es olvidar la ofensa y no el servicio.

Y yo que tan sin rienda al mundo he dado
El tiempo de mi vida mas florido,
Y siempre por camino despenado
Mis vanas esperanzas he seguido,
Visto ya el poco fruto que he sacado,
Y lo mucho que á Dios tengo ofendido,
Conociendo mi error, de aquí adelante
Será razon que llore y que no cante.

(*La Araucana*, Canto XXXVII.)

Il suffit, au reste, pour que la narration historique ou poétique se développe en phrases harmonieuses et brillantes, que l'écrivain ait de grands tableaux à peindre ou de grandes choses à raconter. En de telles occasions le style de Voltaire, ce style si limpide et si souple, devient périodique comme celui de Tite-Live, et, sans rien perdre de son admirable vivacité, se déploie avec autant de largeur que d'éclat.

Quand il s'agit de la période, il est à peine nécessaire de parler du roman; elle lui sourit, tout le monde le sait. Il est de nos jours très-porté à la déclamation, parfois éloquente, banale presque toujours. C'est ainsi d'ailleurs qu'il s'était montré chez les Modernes aux premiers temps de la Renaissance. Le *Décaméron* de Boccace abonde en morceaux oratoires, en véritables discours, la plupart d'un caractère satirique. Depuis Pétrone et Apulée la satire et le roman se sont toujours cherchés, et dans le plus grand nombre des cas se sont prêté leur penchant mutuel à la déclamation. Sans rien tenir de la satire déclamatoire, le style de Cervantes, le plus grand des romanciers, revêt presque partout une magnifique ampleur. Je pourrais citer encore, s'il en était besoin, l'éloquent auteur de la *Nouvelle Héloïse* et l'auteur non moins éloquent de *Spiridion* et de *Lélia*. Ce qui n'empêche pas le roman, la plus élastique de toutes les formes littéraires, d'aimer également un style sobre, net et précis, comme celui de Le Sage dans son *Gil Blas*, ou celui de M. Mérimée dans quelques-unes de ses intéressantes nouvelles.

Le genre dramatique, soit tragique, soit comique, soit en vers, soit en prose, admet également la période, mais par exception, et plutôt dans les moments où le poète raisonne, déclame, chante par la bouche de ses personnages, que dans ces élans spontanés, d'une variété et d'une fécondité inépuisables, qui donnent au dialogue la vérité et la vie. Aussi la période est-elle à l'usage du drame moderne, qui, pour avoir banni du théâtre l'idéal antique, trop majestueux et trop guindé parfois, il faut bien l'avouer, n'a pas su pour cela échapper à l'irrésistible attrait de la déclamation lyrique ou sentimentale. On peut même affirmer qu'il est tombé d'autant plus sûrement dans cet excès qu'il avait la prétention de représenter plus crûment la réalité. Cette poésie dont la scène, quoi qu'on dise, ne se passera jamais sans que l'art se dégrade et s'avilisse, ne pouvant plus se faire jour ni dans la peinture idéalisée des passions et des caractères, ni dans le ton général du style, s'en est vengée trop souvent par l'enflure du langage, la violence outrée des sentiments et un lyrisme intempestif. On rencontre cependant et on doit rencontrer de belles et harmonieuses périodes dans les ouvrages dramatiques de tous les temps et de toutes les nations, plus toutefois dans la tragédie que dans la comédie et dans le vers que dans la prose, parce que, d'une part, la période a beaucoup d'affinité avec cette disposition expansive qui accompagne souvent nos passions, et que, d'autre part, l'emploi du vers comporte toujours, même dans la comédie, une certaine exaltation favorable au développement des formes périodiques.

Le style didactique ou philosophique, qui semble au premier abord se trouver en hostilité flagrante avec la période et ne devoir rechercher qu'une sorte de simplicité nue, nue comme la vérité, qu'il est chargé d'exprimer, mais non de vêtir, a cependant un entraînement décidé, et dans beaucoup de circonstances très-légitime, pour la période. A mesure que l'idée monte, elle accroît la rapidité de son vol et plane plus librement dans les espaces au souffle toujours plus fort de l'inspiration. Dans ces hautes régions elle est portée par l'imagination et le sentiment comme par deux ailes sublimes ; pour mieux dire, elle est *puissance*, elle est *amour*, aussi bien qu'elle est *intelligence*, et de ces trois éléments du génie n'en repousse aucun, car elle repousserait en même temps, quel qu'il fût, une partie essentielle de la vérité. Il n'est donc pas étonnant qu'à toutes les époques le mouvement des idées qui se développent ait correspondu à la magnificence, ou tout au moins à l'ampleur du style. Platon est éloquent; Lucrèce est éloquent; saint Augustin est éloquent; aussi leurs styles, où il n'est pas besoin, je pense, de faire remarquer des différences profondes, se ressemblent-ils par une large et souveraine abondance. Exquise et vraiment divine dans Platon, cette qualité n'exclut pas dans

Lucrèce la sécheresse scientifique des raisonnements, dans saint Augustin la recherche et le mauvais goût ; mais elle est chez tous les trois incontestable, parce qu'elle découle nécessairement de leur pensée, comme d'une source que rien n'épuise.

Sans remonter à l'antiquité, ni même à nos deux grands siècles littéraires, nous pouvons trouver dans quelques écrivains contemporains des exemples illustres de cette union des formes oratoires et des idées philosophiques ou didactiques. M. Villemain, dans la critique littéraire, M. Guizot, dans la philosophie de l'histoire, M. Cousin et M. Lamennais dans la philosophie proprement dite et dans la philosophie religieuse, ont montré, avec des caractères assurément bien divers, souvent même radicalement séparés, quels mouvements riches tout à la fois et variés l'enchaînement libre et rapide des idées peut imprimer au style. Aussi tous sans exception manient-ils avec une habileté supérieure cette période oratoire, qui est à la phrase ordinaire ce que l'attitude passionnée et le geste inspiré sont au corps.

Si nous avons à signaler l'emploi fréquent du style périodique dans la prose philosophique de notre époque, à plus forte raison devons-nous le rencontrer dans la poésie philosophique, élégiaque et rêveuse, qui a pris en France, depuis le commencement de notre siècle, de si remarquables accroissements. M. de Lamartine, M. Victor Hugo, M. Alfred de Musset, ont poussé aussi loin qu'il était possible, c'est-à-dire un peu trop loin quelquefois, l'usage de ces longues périodes si riches dans leurs développements, si souples et si fières dans leur allure, si hardies enfin dans leurs constructions harmoniques. Certes, il est beau d'avoir à son service de telles facultés poétiques; mais la suprême gloire, ce serait d'en user sobrement, ce serait de montrer, comme dit Bossuet, « la hardiesse qui convient à la liberté mêlée à la retenue, qui est l'effet du jugement et du choix (1). » Or, pour continuer ma citation, bien loin d'avoir à prendre garde que chez nous « une trop scrupuleuse régularité, une délicatesse trop molle n'éteigne le feu des esprits et

(1) *Discours de réception à l'académie française.*

n'affaiblisse la vigueur du style (1), » nous pouvons trop justement dire avec Horace :

Nil intentatum nostri liquere poetæ (2).

Quels que soient au reste les brillants avantages de ce style périodique, qui dispose à son gré de toutes les richesses de la couleur et du dessin, et qu'anime une infinie variété de mouvements ; à quelque noble et expressive beauté qu'il s'élève par l'énergie des images ou l'élégante harmonie des lignes, il est quelque chose de plus beau, de plus noble encore et de plus rare : c'est la pensée réduite à elle-même, se soutenant par sa propre force, s'exprimant par sa seule évidence ; c'est le sentiment sans parure et sans voile, échauffant les mots les plus vulgaires, les plus simples, les moins visibles, de je ne sais quelle chaleur à la fois pénétrante et lumineuse. Dans ce style, que j'ai défini déjà en l'appliquant au sublime, les paroles ne sont rien ; on les aperçoit à peine. On est en contact immédiat

(1) Ibid.

(2) *Art poétique*, v. 285.

avec la pensée de l'écrivain ; on fait mieux que la voir, on la sent ; elle entre en vous et devient aussitôt partie intégrante de votre esprit. A vrai dire, ce n'est plus la pensée d'un individu qui vous frappe, c'est, quand elle est vraie, la pensée de l'humanité même qui se révèle à votre intelligence et s'y attache. « On s'attendait de voir un auteur, dit Pascal, et on trouve un homme. »

Ce que Pascal exprime si bien peut se dire de lui plus que de tout autre. Ce caractère de nécessité et d'évidence se rencontre fréquemment dans le style de Bossuet ; il fait la force et le charme de la prose de Voltaire, des vers de La Fontaine et de Béranger ; il est l'originalité du style de Corneille, dans les passages où Corneille est tout entier ; il est le style même de Molière, dont la sincérité vigoureuse n'a rien qui l'égale ou du moins la surpasse. C'est parce que *son vers bien ou mal dit toujours quelque chose*, que Boileau, si peu riche, comme on sait, par l'imagination et le sentiment, a pris une place distinguée parmi les maîtres de notre langue.

Le style des grands poètes est semblable en ce point à celui des grands prosateurs ; il n'atteint réellement toute sa puissance que dans cette simplicité transparente qui laisse pénétrer la lumière jusqu'aux plus intimes profondeurs. « Il ne faut pas croire, a dit excellemment M. Villemain, que la poésie soit toujours d'employer les images; elle consiste souvent à se servir du mot le plus simple; car elle est encore plus une âme qu'un langage (1). » Oui, la poésie est une âme, et cette âme se découvre à nous d'autant plus belle, d'autant plus harmonieuse et plus féconde, qu'elle est plus dégagée de l'enveloppe matérielle du langage. Aussi n'est-ce pas dans l'ardeur fougueuse de la jeunesse, mais dans la forte et sûre inspiration de la maturité, qu'on arrive à fondre si bien l'art dans la nature qu'il semble ne plus exister. Il faut, pour que cette haute et pleine sobriété soit possible, pour que la pensée ose se montrer nue sans qu'on soupçonne même sa nudité, qu'on ait, dans les combats de la vie et les méditations de la solitude, amassé bien des sentiments et des idées, et que toute cette ivresse des mots, si douce au jeune homme, soit tombée devant l'énergique réalité des choses.

(1) *Tableau de la littérature au dix-huitième siècle*, XXVIe leçon.

La nation, comme l'individu, ne parvient à cette plénitude de sens et à cette mâle simplicité du style qu'avec le plus complet développement de son génie. Ce moment est unique dans l'histoire des peuples et des littératures. Il peut durer plus ou moins longtemps suivant la vigueur intellectuelle et morale de la nation, les qualités de sa langue et le rôle qu'elle est appelée à remplir dans le monde. Une fois ce moment passé, la langue et le style se transforment, perdant d'un côté, gagnant de l'autre; mais l'équilibre est rompu, et cela même est déjà une sorte de décadence. On a beau réparer l'édifice, chaque jour il s'en détache quelque pierre, jusqu'à ce qu'il ne soit plus qu'une ruine irrévocablement abandonnée et croulante. Rien cependant n'est perdu, tant qu'il reste des écrivains capables d'exprimer simplement une pensée forte ou profonde. C'est le vrai signe auquel il est permis de reconnaître qu'une littérature n'est pas morte, qu'une langue a le droit de vivre encore. Quelques dégradations qu'elle ait déjà subies, sous quelque faux ornements qu'on ait essayé déjà de cacher sa misère, une langue est toujours une langue si elle peut fournir à un homme d'un vrai talent une expression qui rende sa pensée sans l'écraser ou l'avilir. Qu'une grande idée se fasse jour dans l'humanité, cette langue retrouvera une dernière étincelle pour l'éclairer et la répandre ; elle se ranimera sous les déplorables oripeaux qui la couvrent comme un linceul ; elle reprendra momentanément un air de fierté, de grandeur, et même d'enthousiasme.

Voyez ce que la sublime simplicité de l'Evangile a fait de la langue grecque et de la langue latine, qui semblaient épuisées par tant de siècles de production originale, et que les rhéteurs achevaient d'étouffer en croyant les rajeunir ! Certes, le christianisme, malgré sa puissance inspiratrice, et à cause même de cette puissance, n'a pu les ramener à leur génie primitif, ni leur rendre ce qui ne revient pas plus aux langues et aux littératures qu'aux individus, c'est-à-dire la pleine harmonie des facultés, l'équilibre parfait entre la pensée et l'expression ; mais il les a remuées de son souffle et pour un temps leur a redonné la vie. Il a remis des pensées où il n'y avait plus que des mots, des sentiments où il n'y avait plus que des formules. Saint Chrysostome ne pouvait pas plus parler la langue de Démosthènes que saint Augustin celle de Cicéron ; vainement auraient-ils lutté contre le génie de leur temps ; il était entré dans leur chair, il circulait dans leurs veines ; il n'agissait pas seulement sur les habitudes de leur langage, il imprégnait leur pensée jusque dans sa source. Ces grands orateurs chrétiens eussent-ils pu, par un effort de volonté et de science, remonter à l'époque où la langue avait toute sa pureté, où le style avait toute son harmonieuse unité, ils ne l'auraient pas voulu, ils ne l'auraient pas dû. Que fût devenue leur inspiration au milieu de ce travail d'érudition curieuse, de ces tentatives pour reconstruire des formes de style? Assurément elle eût disparu, car ils n'auraient pas été alors les propagateurs éloquents d'une foi nouvelle, mais les imitateurs élégants et froids d'un passé qui ne pouvait plus renaître. Il y avait autour d'eux assez de sophistes payens acharnés à cette œuvre stérile. Pour eux, tout leur art était de n'en pas avoir ; ou s'ils en avaient un, c'était celui de leur temps, le seul, bon ou mauvais, que les hommes de leur temps pussent comprendre. Leur but était de persuader, non quelques beaux esprits isolés, mais des populations entières, et il était nécessaire pour cela que leur style exprimât dans le langage de tous ce que tous devaient croire, ce que tous devaient aimer.

Il n'est donc pas possible à l'écrivain, eût-il le plus beau génie et le plus énergique vouloir, de conserver dans son intégrité la langue et le style des grands siècles, s'il appartient lui-même à une époque de dissolution et de décadence. Tout ce qu'il peut faire, c'est de s'élever quelquefois au-dessus de sa langue et de son temps par la force de son sentiment, par la profondeur de sa pensée ; c'est d'écarter les voiles de plus en plus épais dont la corruption croissante du goût surcharge et entrave l'expression de l'idée, pour la présenter dans sa simplicité, sa candeur et son énergie natives. Mais cela se peut-il toujours? Évidemment non. Les langues suivent la destinée des nations. Quand la nation, n'ayant plus rien à dire, retombe dans la torpeur où dorment les races finies, la langue achève de se perdre et le style de se corrompre ; car l'esprit individuel plonge ses racines dans l'esprit national, comme la plante enfonce les siennes dans le terrain qui la porte, et l'un ne croît pas mieux que l'autre dans un sol appauvri, d'où se retirent peu à peu tous les sucs nourriciers. Alors la pensée, se sentant trop vulgaire ou trop faible pour s'exposer toute nue à la clarté du jour, recherche de plus en plus les ornements puérils et les vains artifices du langage, marque infaillible d'une déchéance définitive et sans remède.

Conclusion.

Qu'il me soit permis de clore cet essai sur le style par quelques réflexions qui ont assailli mon esprit dès les premières pages de mon travail, qui se sont fortifiées à mesure que j'avançais et qui ont fini par me dominer entièrement.

Quel doit être, quel peut être, dans l'état actuel

des peuples européens, le rôle de la littérature française? Quel sort, dans un avenir plus ou moins éloigné, est réservé à notre langue, qui a déjà créé tant de chefs-d'œuvre et exercé sur le monde une action si forte? Question insoluble assurément, si l'on demande une réponse positive et rigoureusement vraie, mais qu'il est bon de soulever et d'examiner, ne fût-ce que pour appeler l'attention des véritables écrivains sur les devoirs que leur mission leur impose.

Les circonstances sont graves, non pas seulement pour nos destinées sociales, dont je n'ai point à m'occuper ici, mais pour l'avenir de notre langue et de notre littérature. Les peuples modernes ont deux tendances en apparence contradictoires, au fond très-faciles à concilier. D'un côté, ils aspirent à l'unité; de l'autre, ils s'efforcent de maintenir ou de reconstituer leur nationalité, c'est-à-dire leur individualité; d'où résultent en même temps chez eux l'amour de le langue traditionnelle, qui les sépare, et le besoin d'une langue commune, qui les rapproche. L'œuvre commencée par l'imprimerie, la vapeur l'achève ou va l'achever. Il est donc évident, pour quiconque réfléchit, que peu à peu, dans la grande et libre association des nationalités diverses, il doit s'introduire l'usage d'une langue choisie ou acceptée par tous, puissante et féconde alors, car elle ne sera pas imposée par la conquête. D'ailleurs, si l'ère de la violence n'est pas encore finie, elle doit bientôt finir. Ce n'est pas vers la guerre, c'est vers la paix que s'avance le monde moderne. Quelque sanglants combats qu'il nous reste à livrer, ces combats se livreront, il faut l'espérer, au profit des idées vraiment chrétiennes, non des ambitions conquérantes. Je ne crains donc pas trop, pour ma part, une nouvelle invasion de barbares. Si Dieu pourtant, dans ses impénétrables desseins, nous gardait ce sombre avenir... Eh bien ! alors même les lettres ne devraient pas désespérer de leur mission, et il resterait encore aux langues littéraires de notre Europe à préparer, pour une époque ou rapprochée ou lointaine, une autre Renaissance, à former du mélange des éléments anciens et des éléments nouveaux d'autres langues et d'autres littératures, à jouer enfin le grand rôle qu'a rempli au moyen-âge la langue latine.

Écartons cette supposition, possible sans doute, mais improbable.

La vraisemblable, dans l'état présent des nations, entraînées simultanément par ces deux penchants que je signalais tout à l'heure, c'est l'adoption prochaine d'une langue aujourd'hui parlée, aujourd'hui respectée pour la création de nombreux chefs-d'œuvre, et devenue populaire par l'influence souveraine des idées dont elle a été l'interprète. Tôt ou tard cette langue, reconnue obligatoire, sera enseignée, à côté de la langue maternelle, dans toutes les écoles de l'Europe, non pas pour se substituer, comme ces langues qui s'imposent avec l'esclavage, aux idiomes particuliers des nations, mais au contraire pour protéger leur originalité et rendre possible le développement des littératures renouvelées.

Quelle sera cette langue?

Tout semble nous dire que ce sera la nôtre. L'italien est trop doux, l'espagnol trop sonore ; et d'ailleurs ces deux langues sont exclusivement méridionales, c'est-à-dire peu sympathiques aux organes des peuples du Nord. Puis les nations qu'elles représentent, loin d'être en état de généraliser leur influence, ont encore tout à attendre de l'influence étrangère. J'écarterai l'allemand pour une cause analogue : il est trop septentrional. A la fois rude et vague, il ne conviendra jamais au génie des peuples du Midi. L'anglais, trop germanique aussi, mais répandu à tous les coins de la terre par le caractère aventureux de la nation qui le parle, ne s'est acclimaté nulle part qu'avec la race anglo-saxonne; il a du reste une assez belle carrière à remplir dans le nouveau monde, où il est appelé à civiliser un continent. Quant aux langues slaves, je n'en dirai rien, ne les connaissant pas. Toutefois elles ne me semblent avoir de chances qu'avec la conquête brutale, et si elles devaient fonder quelque chose d'universel, ou si l'on veut, d'européen, ce ne serait qu'après un moyen-âge, c'est-à-dire après une période de barbarie relative.

Reste donc la langue française.

Si je ne crains pas de m'exposer au reproche de partialité et de prévention nationale en lui assignant dans l'avenir ce rôle supérieur, qu'elle a déjà rempli jusqu'à un certain point dans le passé, c'est qu'elle possède évidemment tous les caractères qui peuvent la rendre propre à une telle œuvre.

Placée entre le Nord et le Midi, elle n'a rien des qualités exclusives qui distinguent les autres langues littéraires de l'Europe. C'est la moins sonore et la moins accentuée de toutes, la plus apte par conséquent à s'unir à toutes les autres sans faire courir à leur originalité propre le danger de s'amoindrir ou de disparaître. Héritière de la tradition classique ou humaine, plus qu'aucune autre elle a mis en circulation des idées générales et des vues pratiques; elle s'est associée au mouvement progressif de la civilisation moderne, et a semé par toute l'Europe des germes qui se sont développés déjà et ne peuvent que croître encore. Trop fière peut-être de sa suprématie aux deux derniers siècles, surtout au XVIIIe, et devenue un peu dédaigneuse de tout ce qui n'était pas elle, depuis un demi-siècle elle a fait un pas de plus vers l'universalité en se laissant pénétrer par le génie des langues et des littératures étrangères. Enfin elle unit dans le plus juste équilibre — et c'est une condition essentielle — tous les principes constitutifs du style, la couleur, le dessin, le mouvement. Que lui manque-t-il donc pour réaliser les grandes destinées que je voudrais pouvoir lui prédire à coup sûr? Rien sans doute, si ce n'est l'économie de ses précieuses qualités, comme il ne manque peut-être à la France, dans l'ordre des faits politiques et de l'action sociale, que l'emploi réglé de toutes ses forces.

Là est le devoir de nos écrivains. Il faut qu'ils aident de toute leur puissance à l'œuvre de Dieu ; il faut qu'ils usent en hommes, avec modération et sagesse, c'est-à-dire sans l'altérer ni le compromettre, de ce merveilleux instrument qui leur a été transmis par leurs devanciers. Il dépend de la Providence seule de mener à bonne fin les entreprises humaines; mais il dépend aussi des nations et des individus de mériter le succès et de le préparer par l'énergique volonté du bien. Que si l'on s'étonne, encore une fois, de me voir, à propos de style, soulever ces graves questions, je répondrai avec Buffon que le style, c'est l'homme; que s'il y a, au point de vue moral, une bonne et une mauvaise conduite, il y a, au point de vue littéraire un bon et un mauvais usage des facultés intellectuelles; que ces deux choses se trouvent unies l'une à l'autre par des liens intimes et profonds, et qu'on ne les sépare jamais impunément.

Ainsi donc, une des langues actuellement vivantes doit nécessairement, dans un temps qu'il est impossible de déterminer, devenir la langue de l'unité européenne, peut-être même de l'unité universelle, soit pour aider les nationalités dans leur travail de développement original, soit pour empêcher ce travail de s'accomplir. Ou une langue d'union et de liberté, ou une langue de compression et de tyrannie; ou le progrès pacifique, ou la conquête brutale; il n'y a pas de milieu, si ce n'est peut-être un abâtardissement graduel et une léthargie pire que la mort. C'est à nous, Français, qui que nous soyons, quelque part de l'œuvre commune qui nous soit échue, ou l'action ou la parole, qu'il appartient d'élaborer nos destinées, et, avec nos destinées, celles de l'Europe entière. Si nous n'écoutons, citoyens, que les passions malsaines, écrivains, que les capricieux dérèglements de la fantaisie, ou, ce qui est plus fatal, l'appétit grossier des jouissances vulgaires, ne nous faisons pas d'illusions, notre mission civilisatrice est terminée ; nous marchons droit à la barbarie, que Dieu tient toujours en réserve pour punir les nations qui s'abandonnent, et pétrir avec leur chair et leur sang la matière des nations qui doivent naître un jour.

FIN.

TABLE DES MATIÈRES.

POITIERS. — IMPRIMERIE DE N. BERNARD.

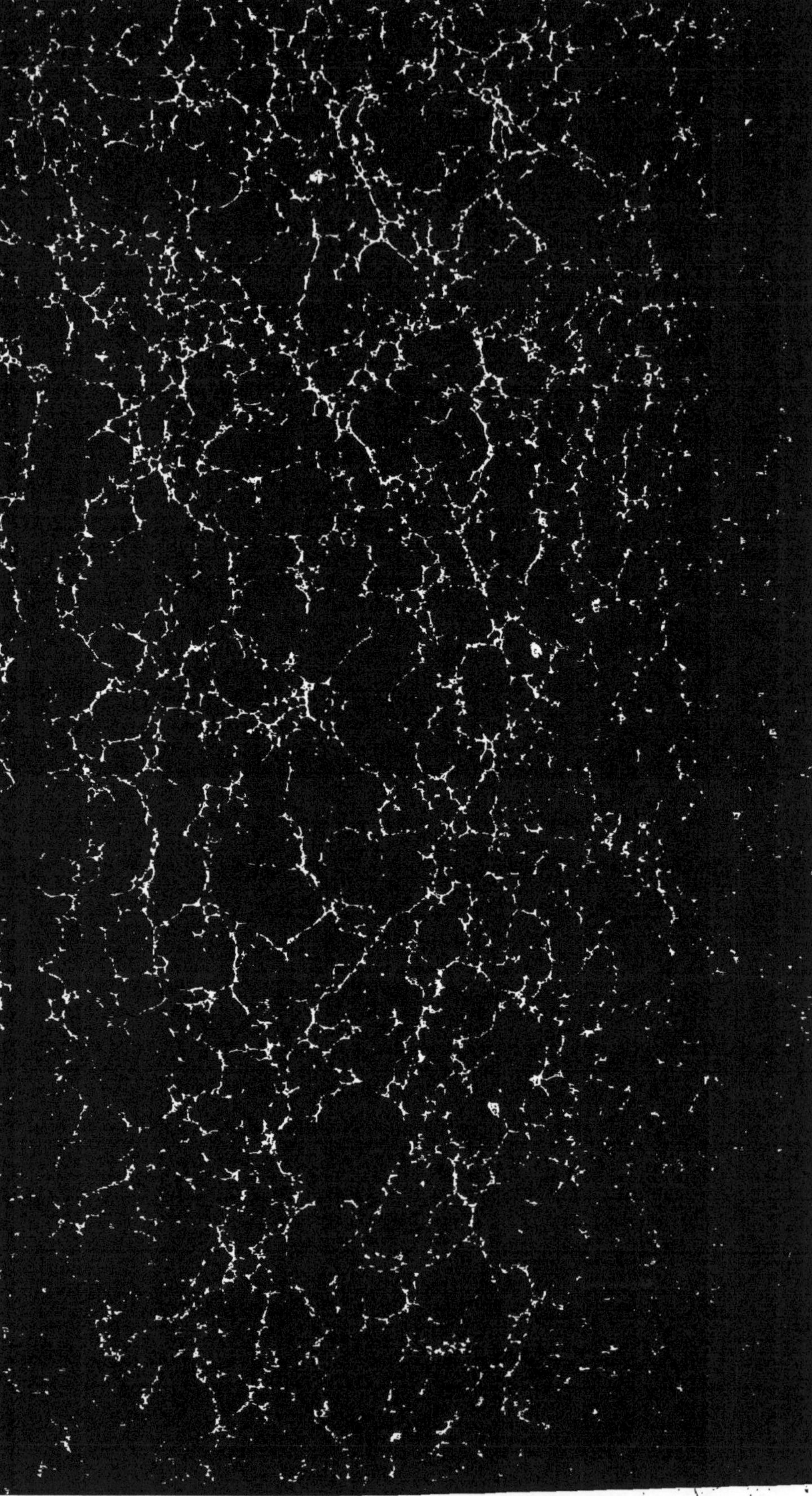

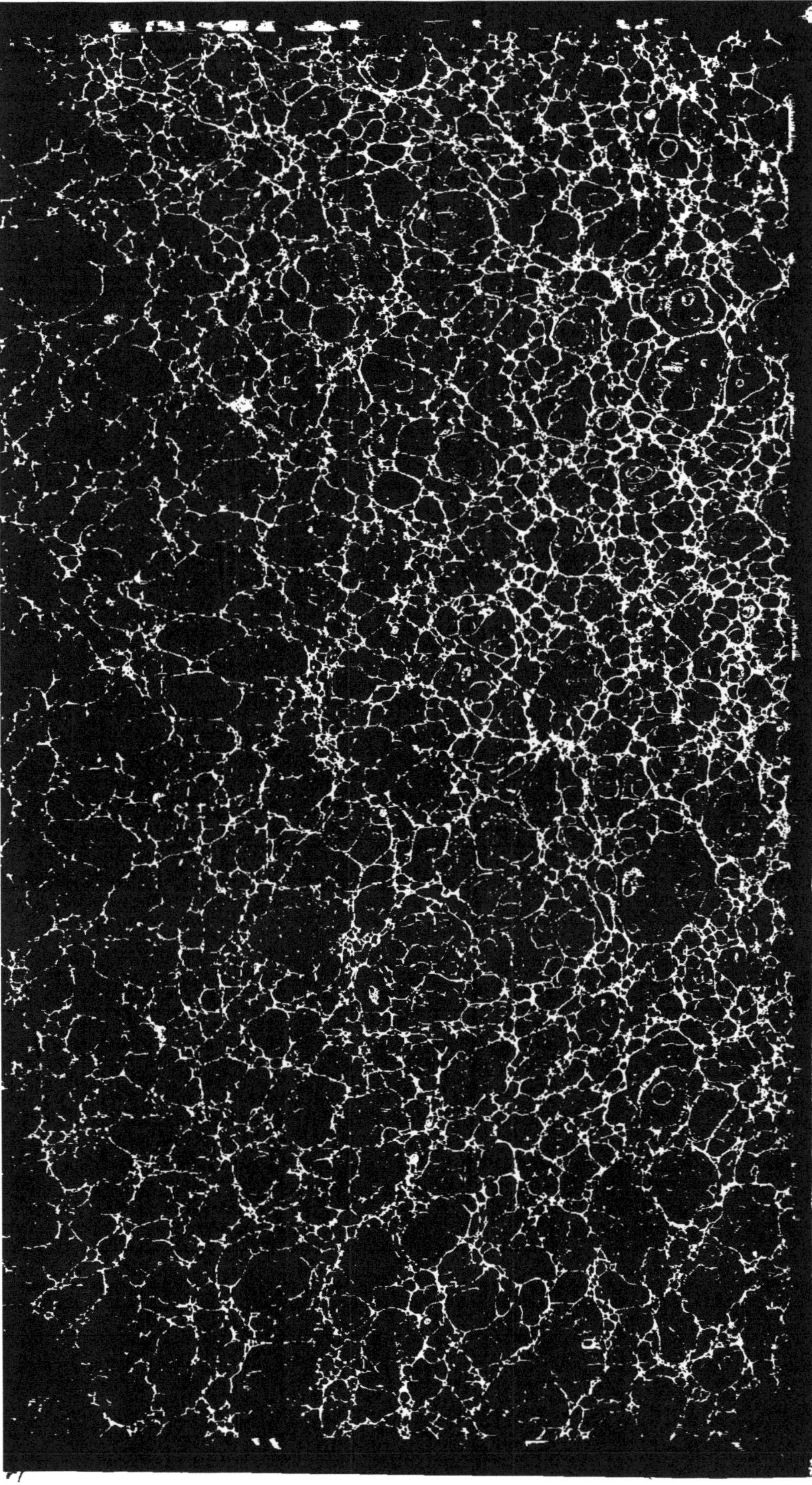

BIBLIOTHEQUE NATIONALE DE FRANCE
3 7502 01689032 1

www.ingramcontent.com/pod-product-compliance
Ingram Content Group UK Ltd.
Pitfield, Milton Keynes, MK11 3LW, UK
UKHW021905260726
13966UKWH00006B/540